Anna Malihon

Girl with a Bullet
Selected Poems

translated from Ukrainian by Olena Jennings

 WORLD POETRY

Eastern European Poets Series #50

Girl with a Bullet: Selected Poems
Copyright © Hanna Malyhon (Anna Malihon), 2025
English translation copyright © Olena Jennings, 2025
Introduction copyright © Olena Jennings, 2025

Eastern European Poets Series #50

First Edition, First Printing, 2025
ISBN 978-1-954218-35-2

World Poetry Books
New York, NY
worldpoetrybooks.com

World Poetry titles are distributed by Asterism Books (US) and Turnaround Publisher Services (UK). Subscriptions and standing orders are available.

Library of Congress Control Number: 2025943369

Cover design by Andrew Bourne
Typesetting by Don't Look Now
Printed in Lithuania by BALTO Print

World Poetry Books is a 501(c)(3) nonprofit and charitable organization founded in 2017 in New York City and a member of the Community of Literary Magazines and Presses (CLMP).

The translation of this book was supported by a grant from the New York State Council on the Arts with the support of the Office of the Governor and the New York State Legislature, and by a generous donation from Tom Healy & Fred P. Hochberg.

World Poetry's publications and programs are made possible by grants from the Poetry Foundation, Hawthornden Foundation, and the New York State Council on the Arts with the support of the Office of the Governor and the New York State Legislature, and supported by an affiliation with the Humanities Institute and the Translation Program at the University of Connecticut (Storrs), as well as individual donors and our subscribers. To learn more about supporting World Poetry, please visit our website: worldpoetrybooks.com/support.

Anna Malihon

Girl with a Bullet
Selected Poems

Table of Contents

Girl with a Bullet: The Poetry of Anna Malihon	ix
[A bird was flying through the humanitarian corridor . . .]	15
[The girl with a bullet in her stomach . . .]	17
[Don't go out for water . . .]	19
[stay . . .]	23
[We went out early . . .]	25
[What kind of bird are you? . . .]	27
[Avoid all screens cover up the smallest cracks . . .]	31
[The forest on the front lines . . .]	33
[Look, the birch sap has ceased flowing . . .]	35
[The unopened fist of a tulip . . .]	39
[She was a complete scatterbrain . . .]	41
[Don't play with me, puppy. I won't get up. . . .]	45
A Serpent's Child	49
No Questions	51
Ylang-Ylang	55
[Tell me, November, stop time for an hour, . . .]	59
My Step Grandfather	61
Horses Don't Howl	65
Those Who Didn't Catch Me	67
[Now the only thing that you can do for her, Christ, . . .]	69
[It felt like blood . . .]	73
[I will return to this matte-white notebook . . .]	77
[The poems between us grew shorter . . .]	79
Rosarium	81
[Don't go into that home . . .]	85
[Unfold and dive into me, to my very bone . . .]	87
[The hardest thing is learning to speak again . . .]	89
[When it grew dark, three of them led him outside . . .]	91
Autumn 2020	93
The Homeless	95

[Mad Terezka doesn't go to feed the cats . . .]	**97**
[July passes—a fatigued fox—an injured paw . . .]	**99**
[One day she will flee back into her undergrowth . . .]	**101**
[honey, don't drink anything that won't satisfy you . . .]	**103**
[I've wanted to ask for a long time . . .]	**105**
Papilio Paris	**107**
Ruby	**111**
Seagull	**115**
A Tale of Burnt Skin	**117**
I Loved Your Women	**121**
Snails and Beetles	**125**
Abandoned Ships	**129**
["Daughter, this is our land," . . .]	**133**
Acknowledgments	**135**

Girl with a Bullet:
The Poetry of Anna Malihon

I first met Anna Malihon in 2016, when I translated the poems in her chapbook *Burnt Skin*. We had put it together to sell at the New York City Poetry Festival that year. Since then, I have worked with her regularly, reading my translations alongside her at the Lviv Book Forum in Ukraine. These years of collaboration have given me insight into the way her poetry has developed, from her early, tightly rhymed poetry, to the free verse of the last few years, which she believes better reflects the desperation and alienation of a refugee. According to her, it now comes naturally.

On February 24, 2022, Anna awoke to the first explosions in Kyiv. Russia's full-scale invasion of Ukraine had begun. She quickly packed a backpack and caught a ride to Western Ukraine where her son joined her. Luckily, a family welcomed them both in France, where she now lives as a refugee. Through this experience she says she lost a part of herself, which is reflected in her most recent poetry.

With the invasion, poetry has become more influential in Ukraine. Poets like Serhiy Zhadan, Dmytro Lazutkin, and Artur Dron have written poetry from the frontlines, eagerly read by the masses. Zhadan's readings fill stadiums. The work of Zhadan, along with that of other Ukrainian poets like Yuri Andrukhovych and Natalka Bilotserkivets, speaks to Malihon and influences her work. Lines by Bilotserkivets like "Cheap lipstick's delicate taste" and "your blood will appear like rust," both from her poem "Love in Kyiv," seem connected to Malihon's poetry.

As she transitioned to free verse after becoming a refugee, Malihon's poems have become infused with depictions of universal feelings such as love, hope, and despair, opening beyond the self to encompass a greater, fantastical world.

As ever in Malihon's poems, walls speak, wounds bleed red, and the body becomes one with nature. Only now they do so in the context of a brutal war and a mass displacement.

This selected volume of Malihon's work includes several poems from *Abandoned Ships*, a 2012 collection that resonates with her current work. Even before the full-scale Russian invasion, Malihon's poems seem like a premonition: "I wanted to ask for a long time: what is it like there / on that side of war." *Abandoned Ships* also includes an untitled poem (the final poem in this collection) that begins, "Daughter, this is our land!," a cry that connects to the call to protect Ukraine's sovereign territory. The subject of war in *Abandoned Ships* is intertwined with another common theme of Malihon's work, the collision of nature and the human world, which frequently takes the form of blood-related imagery. Lines such as "As if from veins, autumn drips" evoke blood as a sign of both life and death. In "Ruby," the sky reflects a bloody field. And the final line of "A Tale of Burnt Skin" is "I couldn't stop the blood," suggesting the violence of a war gone out of control.

I have also selected poems from the collection *Rosarium*, where blood, humanity, and nature return. The title poem describes a sergeant who violates a woman, the way war violates a country and a land. Suddenly, all that is left for the woman are her roses, but these too are violent; they draw blood with their thorns, and children are bathed in it. The poem, however, underscores the woman's strength: "You didn't cry, carrying bones in your hands." Though the book was published in 2020, before the full-scale Russian invasion, Malihon was already suffering the effects of the war in Donbas, and the images of *Rosarium* are darker than in her previous work. The collection begins with a poem that focuses on a dead woman. Later, she writes of the news through which the sun doesn't shine. Here, even milk has deadly associations: a poem's speaker "sucks the bitter milk of the dead ladybugs."

Girl with a Bullet also includes a selection of new poems. In some of them, Malihon again gravitates toward images of blood: a "mother who fell spilling bloody currants," a leash chafing a fox's skin until it draws blood. Speaking of the way that she has changed in a foreign country, she writes, "the hardest thing is to learn to speak again / after they tore your language from you." Her temporary home in France works its way in. She alludes to the Seine using its old name, Sequana, which means "blessed river," suggesting the inspiration she finds in her new surroundings. Working through images of the body, Malihon creates her own fairy tales while situating the poems in a Ukraine that lives both in the past, through memory, and in the present day.

—Olena Jennings

Girl with a Bullet

*

Летіла пташка зеленим коридором
несла у дзьобику кілька слів іноземних
кілька гілочок на нове гніздо

Дівчинка-семилітка заспокоювала кота:
Сиди, коте, тихо, їж мало,
ми за тиждень повернемось
 . . . У торбині з цибулею прогризена дірка
Страшне котяче мовчання

Східна сирена спитала західну: Чого ти ниєш?
У вас там кава і вулична музика
і діти сплять у піжамах
А у відповідь –
вибух. Вибух. (І третій – пізніше)

Їх було троє і ні в кого не вийшло –
від злості вирвали з вух сережки –
Мадонна з перев'язаною головою
годує сина із пляшечки
Молоко пропало, зате живі

На пожарищі привид собаки винюхує
рідні кістки
собаку звали Анубіс
перевізник його не взяв

Я одягаю колючу сукню з чужого тіла
закриваю очі обрубками рук
аби не бачити
як зелений коридор
стає червоним

*

A bird was flying through the humanitarian corridor
carrying in its beak a few foreign words
a few branches for a new nest

A seven-year-old girl was calming a cat:
Sit quietly, kitty, eat just a little,
we'll return in a week
 . . . A hole was chewed through a bag of onions
The silence of a frightened feline

The eastern siren asked the western: Why are you whining?
You have coffee and street music
and children sleeping in pajamas
And as an answer—
an explosion. Another explosion. (And later—a third)

There were three of them and none were successful
anger made them tear their earrings off
the Madonna with a bandage over her head
feeds her son with a bottle
Her milk has dried up, but they are still alive

In the fiery wreckage, the ghost of a dog smells
its own bones
The dog was named Anubis
A ferryman left him behind

I put on a thorny dress taken from a stranger's body
I cover my eyes with the stubs of arms
so that I don't see
the humanitarian corridor
turn red

*

Дівчинка із кулею в животі
біжить через трасу до лісу
біжить не прощаючись
крізь новини, шляхетну цвіль урочистих промов
крізь історію і географію,
комендантську годину, добу, століття

Вона така юна що вітер заносить
її на довгий бульвар між мостами
де її перехоплює єпископ Герман
і обіцяє хороший госпіталь
обіцяє не вирощувати літаки
а лише тюльпани
золоті тюльпани ліхтарів Сан-Жермен
а вона ридає: «загубила кота на кордоні!»

в порожній бокс для тварини забився янгол
із місцевої фрески
і спить

Дівчинка із кулею в животі вибігає
на пагорб
і бачить себе з амонітовим зародком міста
під серцем
Ключ від міської брами скидає тисячолітню іржу
і блищить так що вона аж лякається

Дівчинка Женя із кулею в біографії
біжить до українського лісу
біжить як жива

*

The girl with a bullet in her stomach
runs across the highway to the forest
runs without saying goodbye
through the news, the noble mold of solemn speeches
through history, geography,
curfew, a day, a century

She is so young that the wind carries
her over the long boulevard between bridges
where Bishop Herman catches her
promises a good hospital
and promises not to grow airplanes
only tulips
the golden tulip lanterns of Saint-Germain
but she wails, "I lost my cat at the border!"

an angel hid in the empty animal carrier
from the city's fresco
and sleeps

The girl with the bullet in her stomach runs
up a hill
and sees herself with an ammonite embryo of the city
beneath her heart
The key to the city gates sheds its thousand-year-old rust
and it shines so brightly that she becomes afraid

The girl Zhenia with a bullet in her biography
runs to the Ukrainian forest
runs as if she is alive

*

Не виходь по воду
Спивай краплі зі стін свого підземелля
Ти легшаєш так аж майже колібрі
Хоча колібрі п'є за добу до сотні разів

Уся світова волога в очах тих хто вижили
Вони подумки зав'яжуть собі руки
і лежать на узбіччях як розділові знаки
без тексту

Чужі недобитки назовуть ці соснові місця голівудом
І виперуть прапори у пралках
із наших домів
І кластимуть прілу брехню у відкриті
дзьобики своїх виблядків
І кров'ю просочені добрі ведмедики
І голоси з підземелля

Не виходь по воду
Висмоктуй себе до критичної позначки

«Я бачив, як через отвір у тілі дівчинки б'ється серце»
«Скажи це на камеру»
І медик уже нічого не ладен сказати
А якби говорили сосни

Купували дочці на літо костюмчик
Беріть
може кому згодиться . . .
І волонтерка бере як на руки беруть
живого

*

Don't go out for water
Drink the drops from the walls of your underground shelter
You become lighter almost hummingbird-like
Though hummingbirds drink up to a hundred drops a day

The world's moisture in the eyes of survivors
In their minds they tie their hands
and fall on the roadsides like punctuation marks
without a text

The foreign vestiges will call these pine-filled spaces Hollywood
And wash flags in washing machines
in our houses
And will spread dirty lies into the open
the beaks of their sons of bitches
And the cute blood-soaked teddy bears
And voices from the underground shelter

Don't go out for water
Drain yourself to crisis

"I have seen how the heart beats through the hole in the body
    of a girl"
"Say this on camera"
And the medic can no longer say anything
And what if the pines could speak

They bought a swimsuit for their daughter that summer
Take it
maybe someone can use it . . .
And the volunteer scoops it up like
a living thing

Ти остання у сховищі
Остання на цій землі
Вийдеш – нікого не буде
Та щось і пити перехотілось
А весняна земля смокче собі як дитина
гірке молоко розстріляних
Божих корівок

You are the last one left in the shelter
The last one left on this earth
When you come out there'll be no one there
You stop wanting to drink
And like an infant the spring earth
sucks the bitter milk of dead
ladybugs

*

стій
терпи
цей прозорий холод запізнілого травня
цигарка твоя погасне перш ніж попіл
торкнеться бузково цвіту
внизу
це не той бузок де солодкі з гіркотою п'ятипелюсткові
    бажання
і не той місяць роззявив око над любощами не про нас
як холодно йти по рейках
довгий сталевий присудок тягнеться у світанок
паморозь
дим і туман
і хтозна – рання то осінь чи пізня весна
від того хто не любив до того
хто бодай зрозуміє
ніч довжиною в невиліковну хворобу
це не той прихід і не той відхід
не той чоловік вигулює пса під не нашим балконом
тільки шрамик горить над губою
тільки вірність моя собача
стій
терпи
хтось же має тебе зрозуміти . . .

*

stay
endure
this piercing late-may cold
your cigarette will go out before the ash does
touches the lilacs
below
it isn't the lilac of sweet and bitter five-petal desires
and not the moon that eyed the love that wasn't for us
it's so cold walking along the rails
along that long steel condemnation stretching into dawn
hoarfrost
smoke and fog
and who knows—is it early autumn or late spring
from one who didn't love to one
who at least understood
night lengthening into an incurable sickness
this isn't that arrival and that departure
this isn't that man walking his dog below someone else's
    balcony
only a scar that burns above my lip
only my dog-like faithfulness
stay
endure
surely someone will understand you . . .

*

Вийшли рано . . . ні світ ні зоря ні клекіт
молодої води, ні людей голоси далекі
не тримає ніщо – розляглися бліді простори
у судини гілок закрадається кров прозора
Я цю стежку завчила – як прірву в обіймах жита
я слідами її прошила ще з того літа
бігла ніби сльоза через вигини сміху жаского
нас не знайде ніхто. Тут давно не шукають нікого
Тут невдаха-поштар забуває чужі адреси
тут невчасні слова зависають як ніч над плесом
тут рожеві малята спішать у життя мов кулі
покаяльно ридають у ринві сніги поснулі
Це не ми летимо – навпростець – мов по полю сани
це не наші найтонші перетини між полюсами
рвуться майже безболісно – і востаннє
озираємось – хто ж кам'яніший камінь?
. . . Горді не повертають. Розумні не йдуть, а хто нам
заборонить осісти і жити між склом віконним?
забувати про стежку, вслухатись у заметілі
так рождає ся ласка в твоєму легкому тілі

*

We went out early . . . no dawn no stars no rushing
fresh rain, no distant voices
nothing holds me up—hazy horizons lie ahead
transparent blood seeps into the veins of branches
I memorized this path—like an abyss in wheat's embrace
My footsteps already stitched through the path last summer
I ran like a tear drop through the bends of dreadful laughter
where no one will find us. They stopped looking here long ago
Here the inept postman loses unknown addresses
here untimely words hang like night above a pool of water
here pink little children rush into life like bullets
slumbering snows repentantly wail in the drainpipes
This isn't us flying—straight ahead—like sleds through a field
these aren't the least of our journeys between the poles
they rip almost without hurting—and finally
We look around—who is the stoniest stone?
. . . The proud don't turn back. The wise don't go, and who
will stop us from settling here and living between the window
    panes
forgetting about the path, listening to the blizzard?
this is how tenderness is born in your transportable body

*

Що ти за птаха? Сапфірові очі. Шовкові груди.
Зірко листівок, царице поштових марок . . .
Чом ти сидиш над котлом, не летиш нікуди?
Хто тебе візьме? Вони ж усього лиш люди,
звиклі до внутрішніх зябликів і канарок

Наших співаєш? Чужих? Над чиїми дітьми
тихо відводиш тяжкі мародерські лапи?
Птахо маленька, зірко, зелена відьмо,
бачиш, за димом і дому твого не видно . . .
Цяточка крові дзвенить на подертій мапі

Птахо, співай. Доки піняться чорні хмари,
тягнеться нитка, і нотка, і ніби осад
місяць спадає на сад, а йому виносять
круки на крилах поранену ранню осінь,
пісня твоя обтікає верхівки храмів

Все, що ти маєш – у дзьобику звуки сині,
що як прокляття тобі перейшли у спадок.
Люди взяли твою славу, любов, достаток,
птахо пророча, – тепер не даєш їм спати,
та й розбудити нікого із них не в силах

Ось твій приручений лис і твоя троянда,
ось твої нетрі і плетиво днів спокійних . . .
Що ти чекаєш від них? То мерці, покинь їх
у паралельних війнах, у снах і фільмах.
Ніжно люби себе і тривай до літа, лише тривай до

перших судом за розпатрану цю країну.
Не повертайся . . . у них бо свої закони

*

What kind of bird are you? Sapphire eyes. Silk breast.
Starlet of postcards, Queen of postage stamps . . .
Why do you sit over a pocket, flying nowhere?
Who will have you? They are just people
who've got used to inner finches and canaries.

Do you sing our songs? Foreign songs? Above whose children
do you quietly extend your heavy marauding claws?
Small bird, star, green witch,
look, your house isn't visible through the smoke.
A drop of blood rings on a torn map.

Sing, bird. Until the black clouds foam,
a thread is stretching, a note, and like sediment
the moon lulls in the garden, and ravens
carry the wounded early fall to it on their wings,
and your song saturates the domes of churches.

Everything you possess—the blue sounds in your beak
were willed to you like a curse.
The people took your fame, love, prosperity,
prophet bird—now you won't let them sleep,
but you can't wake any of them either.

Here is your tame fox and your rose
here are your wild and interwoven days of tranquility.
What do you expect? They're dead, leave them
to parallel wars, dreams, films.
Tenderly love yourself and wait until summer, just wait until

the first judgements about the destruction of this desolate country.
Don't turn back . . . they have their own laws.

Тільки злітає птаха над терикони,
ронить у ніч смарагдову свою пір'їну

The bird flies up above the slag heap,
dropping its feathers in the night.

*

Відійти від екранів заткнути найменші шпарини
Перекрити всі крани всі отвори звідки новини
Просочитись могли би криваві просунути клешні
Якщо світ не копати углиб то без нього і легше

За вікном нагрівається пил на горіховім листі
Скільки душ скільки тіл не повернуться знову до міста
Не подзвонять вночі не нагріють заправлену постіль
Хтось тримає над ними ключі – і ясна в нього постать

Якщо міцно повіки зімкнути – заллється смолою
все що треба забути – велика провина з малою
Генералове серце – черствий глазурований пряник
Якщо дід не прийшов із війни то не прийде і правнук

Переможець стоїть у ріці над останками слави
Розкладає хребет на хребці – просто так для забави
Розкладає на мідь і на мармур минулі заслуги
Переможені – кілька століть – і народяться вдруге

Хай же ті хто чадив і не вчадів досидять до суду
Ембріони нащадків хай нам посміхнуться з посудин
Якщо вимкнути всі приймачі – то ніхто й не воює
Але в нього ключі – не мовчи його імені всує

*

Avoid all screens cover up the smallest cracks
Shut off all the faucets close all outlets the news flows from
Revealing bloody unsheathed claws
Digging no deeper into the state of the world is easier

Outside the window dust is warming hazel leaves
How many souls how many bodies will not return to the city
Won't call at night won't warm a made bed
Someone holds the keys above them—and his figure is all light

If you close your eyes tightly—they will fill with tar
Everything that you need to forget—grievances great and small
The General's heart is a stale glazed gingerbread
If grandpa didn't come back from the war his great grandson
    won't either

The victor stands on the river over the remnants of glory
Casting bones on bones for fun
Casting past deeds onto copper and marble
The defeated—over several centuries—will be born again

Let those who attacked and those who survived await judgement
Let the embryos of their descendants smile at us from their vials
If you turn off all the news sources—then no one is fighting a war
But he holds the keys—don't hush up his name in vain

*

Ліс на лінії оборони
більше чорного ніж зеленого
більше шиплячих ніж голосних

Довгі душі вужів звисають із голих гілок
знаками запитання
мох нападає на звірів і поглинає
пташка тремтить між звуками вибухів
теплою нотою

І хтось розмовляє з деревами
подумки
як самотні жінки розмовляють із квітами у вазонах
і хтось накладає пов'язки на випалену траву

Все жовтіє деревеніє
тріскаються піщані ґрунти
мов печиво

Та врятовані гади шнурують тріщини
аби ми ще хоч раз прийшли і кохались
дико як звірі
щоб глиця липла до шкіри
і важкі півонії хмар угорі

Цей ліс на лінії оборони ох цей пекельний ліс
мало так мало зеленого

*

The forest on the front lines
more black than green
more sibilant than vowel

The long souls of snakes hang from bare branches
question marks
moss attacks animals then devours them
between the sounds of explosions
a bird's warm note quivers

And someone speaks with the trees
telepathically
like solitary women speak with flowers in vases
and someone applies bandages to the burnt grass

Everything yellows and hardens
cracking the sandy earth
like pastries

Rescued snakes slither along the cracks
so that we could once more come and make love
wild as animals
so that the pine needles would stick to our skin
and heavy peony clouds above

This forest is on the front lines oh this hellish forest
so little so little is green

*

Глянь, березовий сік відійшов, і так само відійде літо,
не спитавши, чому заклопотані ми й убогі?
у бетонних коробках, між стін, що багато знають,
між новин, крізь які не проходить ні сонце,
ні гранатові згустки правди,
і, між іншим,
кому ми – люди?

Жив собі в передмісті солдатик,
посивілий, але солдатик,
з тих, живих, що не повернулись.
Він виходив дивитись на сонце, ніби когось виглядав.
А, ще, кажуть, збирав у пляшки березовий сік.
Нащо, діду, тобі стільки соку?
А цієї весни повернули його онука –
Не канікули, не відпустка, – дурна розтяжка.
Довго тік той березовий сік, переповнив посудину, доки
не відплакав – ніхто не прийшов до берези.
За онуком пішов солдатик.

Глянь, уже й сон-трава розпушилась, проросши
за межі червоної книги.
Махрові дзвіночки гойдаються тихо, так тихо,
що їх не покажуть в новинах і хтозна, чи буде колись
милуватися ними Людина,
звільнившись від часу, від правди, від стін . . .
Ось і літо минає, а ми не нагрілись.
Десь далеко, стікаючи кров'ю, хтось бачив траву,
справжню, свіжу, блискучу траву,
і тому посміхнувся –

*

Look, the birch sap has ceased flowing, and summer will
    also cease
without asking, why are we fearful and poor?
in concrete boxes, between walls that know a lot,
between the new stories through which neither the sun
nor grenade fragments of truth shine,
and besides,
we're considered . . . human?

Outside the city, there lived a soldier,
gray-haired, but still a soldier,
like those, the living, that didn't return.
He used to go out to look at the sun, as if waiting for someone.
And, still, they say, he collected birch sap in bottles.
Why, old geezer, do you need so much sap?
And in the spring, they brought back his grandson,
not for summer vacation, not for a weekend, but because of a
    stupid tripwire . . .
The birch sap ran for a long time, overflowed its container, until
he finished crying, no one had come to the birch.
The soldier followed his grandson.

Look, the dream-grass has sprouted, overgrown
the boundaries of the red book.
The flowering double bells sway quietly, so quietly
that no one will show them in the news and who knows whether
they will ever be admired by a Human,
who broke free from time, truth, walls . . .
Now summer is ending, and yet we weren't warmed.
Somewhere faraway, bleeding out, someone saw grass,
real, fresh, shiny grass.
And for that reason, smiled—

це правда!
Тривимірна правда.

Кажуть, ніби країни, як люди.
Ніби в обраних –
тяжчий хрест.
Я не вірю . . .

this is the truth!
Three-dimensional truth!

They say that countries are like people.
The chosen ones
have a heavy cross to bear.
I don't believe it . . .

*

Нерозтиснутий кулачок тюльпана
В пляшці з-під пепсі
Завмер, не віддасть нікому
Свою потайну свічу…
Так і нас хтось зривав недозрілими
Губив, перепродував, забував на станціях
І тепер ми в різних кімнатах, будинках, містах
Пишемо однакові долі
Підсвічені внутрішнім світлом
У мене тюльпан у пляшці
У тебе троянда в слоїку
Ми – дівчатка між сяйва і простоти
Зблиски уривчатих танців
Посеред нічних коридорів
І вже не прорвати цей вічний гуртожиток
Пам'ятаєш, ти мені обіцяла?..
Довга тінь молодого стебла
Перекреслює сонне скло…
Агатовий місяць ураз обілляв
кладовище шансів.
Коханці стомились, доїли-допили й пішли.
Ніхто не виносить за ними квітів…
А я тебе стисла й нікому не розкажу.

*

The unopened fist of a tulip
In a Pepsi bottle
Became still, won't give away
Its secret candlelight to anyone . . .
Like the way someone plucked us before we blossomed,
Lost, resold, forgotten at stations
And we now are in different rooms, buildings, cities.
Writing the same fate,
Lit with an inner light.
I have a tulip in a bottle,
You have a rose in a jar
We are girls between glamorous and plain
Flashes of curtailed dances
In night hallways
Not able to end this unbroken shared eternal dorm.
Remember, you promised me . . . ?
The long shadow of a young stem . . .
Falls across the sleepy glass
At the same time the agate moon reveals
The cemetery of possibilities.
The lovers grew tired, ate, drank everything, and left
No one will take the flowers after them . . .
And I crushed you and won't tell anyone.

*

Вона була рідкісною розтелепою
Губила все просто з-під рук
І пам'ять мала як у метелика
Що залітало, те й вилітало
Добре вивчила тільки шлях на роботу й назад
Здається, й сама там зросла – у рідній оранжереї
Ось їх вона не забула б ніколи – азалії, орхідеї,
  китайські фікуси, а ще –
кипариси й фіалки, багато прекрасних її дітей,
  перейняла їхню мову
Тому переважно мовчала
Ей ти, – кричав циганчук із дримбою в рукаві, – ти,
  руда, забирай ось музику, старовинна, віддам
  задешево,
чуєш, руда . . .
Вона озиралась, дивилась незмигно йому у вічі і він
  відступав.
Завела зошиток, старанно писала там імена зірок
Щодня – нові та нові зірки, вранці вивчала, до вечора
  – забувала . . .
Знову бігла до квітів, не чекаючи на підвищення, знову
  дражнив її циганчук із дримбою
Якось мала нагоду поїхати танцівницею в інший світ . . .
"Та тобі ж там не буде ціни, – їй казали! Досить гребтись
  у своїх бур'янах!"
"Куди? А хто пересадить кактуси? А там і лимони скоро
  зав'яжуться . . .
До того ж, іще б мені хисту до танців . . . "
Так і жила б у своєму щасті, та раптом
згубила записничок –

*

She was a complete scatterbrain
Everything she held fell from her hands
And she had a memory like a butterfly's
A thought in, a thought out.
She only remembered the path to work and back
It was as if she'd grown up there herself—in her own greenhouse
But these she would never forget them—the azaleas, orchids,
    banyan plants, and also—
the cypresses and violets, her beautiful children, she adopted
    their language
That's why she was usually silent
Hey you, cried a Roma boy with a jaw harp up his sleeve—
    redhead, buy some music, it's classic
I'll let you have it at a bargain price,
Do you hear me, redhead . . .
She turned around, looked unblinking into his eyes and he
    retreated.
She took out her notebook, where she carefully wrote down
    the names of the stars
Everyday more and more stars, in the mornings she memorized
    them, by evening she forgot
She ran to her flowers again, not waiting for them to grow,
    again the Roma boy with the jaw harp teased
Somehow, she had the opportunity to be a dancer in another
    world . . .
"Well, they will be crazy about you there—they told her!
It's enough for you to pull your weeds!"
"Where? And who will replant the cacti? And the lemons will
    become entangled?
Until then if only I could dance . . . "
She would have lived happily this way, but suddenly she lost
    her journal . . .

І зірки хаотично розсипались, жодну не втримало
 решето пам'яті . . .
Лишили холодні відблиски на останній із несміливих
 надій
Хтось тебе любить, рудий метелику оранжереї
Хтось тримає для тебе місце там, високо
І ти ще світитимеш до своїх
А дримба так дивно тремтить, мов музИка
Про щось довідався . . .

And the stars scattered, not one was caught in the sieve of her
    memory . . .
They left cold flashes of light on remaining timid hopes
Someone likes you, the red butterfly of the greenhouse
Someone holds a place for you there, up high
And you will still shine for yours again
The jaw harp trembles strangely, as if the musician
has found something out . . .

*

Не грій мене, песику. Я не встану.
Замело піском затягло туманом
справа – той, хто був мені капітаном
зліва – ворог з обличчям божого сина
І життя – папірець із простеньким кодом.
непримітна вивіска перед входом . . .
Пуповина, песику, як провина.

Тож тікай, доки ще живий, доки ладен бігти, –
знайде свіжий день і для тебе крихти.
Люди людям смерть, не звикай до них ти,
а біжи через три світи до моєї мами . . .
Вона так берегла – не дай боже мороз чи вірус,
укривала щоночі, светри плела на виріст.
А в окопі зимно – і все затягло туманом

Бач, була Людина – тепер кістяшка.
Посланцем для кожного – чорна пташка . . .
Ти зітхаєш, звіре, правдиво тяжко
і так само тяжко мені всміхнутись . . .
Що – життя? Новела. Для вірша – темка.
Всі вони не знають про академку
і про доброволку, і просто щемко
після всіх наук осягати мудрість

Не грій мене, песику. До любові біжи, на захід.
Вона краще за тебе знає мій запах.
Вона одягає мою краватку, мов зашморг,
і курить за мною спрагло і здичавіло.
Місто побрязкує таємницями, збільшує тіні,
Обіцяє скупати весною в каштановій піні,

*

Don't play with me, puppy. I won't get up.
Covered by blowing sand, enveloped by fog
on my right—he who was my captain
on my left—an enemy with the face of God's son
And my life is a piece of paper with a simple barcode
an obscure sign near the entrance . . .
An umbilical cord, puppy, is like blame.

So run, while you're still alive, while you still can—
a new day will come with crumbs for you.
People are death to people, don't get used to them,
and run through three worlds to my mother . . .
She protected me so—against, God forbid, a chill or a virus,
she covered me at night, knitted sweaters to grow into.
But it's cold in the trenches—and everything is covered in fog

Look, this was a Person—now it's a bone.
An omen for everyone—a black bird . . .
You sigh, creature, with difficulty
and I also smile with difficulty . . .
What is life? A novella. An idea for a poem.
No one knows about gap years
or volunteer military service and it's hard
after all one's studies to achieve wisdom.

Don't play with me, puppy. Run to the west, to love.
It knows my scent better than you.
It puts on my tie like a noose
And ravenously, madly, smokes near me.
The city is sprinkled with secrets, shadows grow.
It promises to bathe you in chestnut foam come springtime

тільки хай би більше ніколи віднині
вона не вірила й не любила

Колись тут зберуться наші нащадки,
позносять докупи відталі згадки.
Собача трава-кропива проросте над окопами,
відлуння котитиметься європами

if only from now on
it ceased to believe, to love

Sometime future generations will gather here
Bringing together our thawed-out memories
The dog nettle will grow above the trenches,
the echo will roll across Europe

Дитя змії

Хлопчик ховає голову в розмаїття
бабусиних рюш
Хлопчик із ластовинням на пальцях
на плечах (кажуть колись його мати зруйнувала
гніздо ластів'яче)
Він хлипає і запевняє що квіти із дальньої клумби
стежать за ним
Хлопчик дивиться в себе очима квітів
Він тримає під ліжком пуделко з яйцем –
скоро звідти проклюнеться справжня змія
Як же це круто – мати свою змію
Тоді не страшно ні квітів ні псів ні того хто сидить
між віття і жбурляє яблука
просто у спину.
Бабця шепоче: За що ти нас покарав цим дитям, за що?!
Дочка шле одяг з Америки та щоразу не вгадує
з розміром
шле іграшки та вони йому не потрібні
Хлопчик давно вигріває змію
Завтра всі квіти осліпнуть
Телеґрами зупиняться
Подорослішає навіть пил на іконах
Бабця молиться: Наверни її до свого гнізда
А ластівки відсікають небо від трави
І біжить аметистова блискавка
мов тріщина – шкаралупою . . .

A Serpent's Child

The boy buries his head in grandma's
many layered ruffles.
The boy with freckles in the shape of swallows on his fingers
on his shoulders (they say that once his mother
destroyed a swallows' nest.)
He sobs, claims that the flowers in the distant beds
are watching him.
The boy sees himself through the eyes of flowers.
Beneath his bed he keeps an egg in a box.
Soon a real serpent will hatch from it.
How cool is that—to have your own serpent.
Then you will not be frightened of flowers or dogs or anyone who sits
up in the tree branches throwing apples
at your back.
Grandma whispers: Why did you punish us with this child, for what?!
Her daughter sends clothing from the U.S. and never gets the size right
sends toys that he doesn't need.
The boy was warming the snake for a long time.
Tomorrow the flowers will all go blind.
The telegrams will stop.
Even the dust on the icons ages.
Grandma prays to return to her nest.
But the swallows separate the sky from the grass.
And an amethyst strike of lightening moves
like a crack through an egg shell . . .

Без питань

Добре запам'яталися мамині губи
Ворушилися живими тюльпанами
непристойно близько біля слухавки
«Відпадає питання»
Сказала вона комусь

І я уявила як похитнувся питальний знак
Не втримався і повиснув
прибитим до ночі ґачком
А на ньому – ґрона ключів до усіх дверей
за якими – розгадки
відповіді й дива

Та я блукала сподіваючись віднайти
кімнату із подарунками
Ніколи не наважувалася спитати
бо що як моє питання теж відпаде

Надто маленький простір для всіх дверей
Надто маленький рот для таких сміливих питань
Надто велика пауза від місяця до любові
Але як же хотілось тих подарунків

Щоразу коли я безтямно падала
відлупцьована до чорних синців
Вона цілувала та вибачалась
обіцяючи ляльку

Бачиш любий тридцять ляльок
Тридцять найкращих ляльок
з місцевого універмагу
майже неторканих

No Questions

I remember my mother's lips precisely
They moved like tulips come to life
obscenely close to the phone
"The question is out of the question"
She said to someone

And I imagined how the question mark swayed
Couldn't right itself and just hung
fastened to the night by its hook
And on it were bunches of keys, to all the doors
behind which were riddles
answers and mysteries

But I wandered hoping to find
the room with the presents
I never ventured to ask
because what if my question also got lost

Such a small space for all the doors
Such a small mouth for all these daring questions
Such a large pause between the moon and love
But I wanted those presents so badly

Every time I passed out
beaten and black and blue
She kissed and apologized
promising a doll

See the thirty dolls my love
Thirty of the nicest dolls
from the local department store
almost untouched

П'ять переїздів за перші п'ять років
Два переломи за наступні п'ять
Ще один перелом – визначальний
десь у дванадцять
Коли всі питання нарешті
остаточно відпали

Я – зимове немовля
що спить собі в мушлі ковдри
І попереду тільки хороше
Тільки любов до місяця і вперед

Я щороку ношу їй тюльпани
та хтось їх краде

Розв'яжи мене
Досить

We moved five times in my first five years
Two broken bones in the next five
Then one more broken bone—an important one
at about twelve
When all the questions finally
definitively disappeared

I'm a winter infant
who sleeps in a seashell's blanket
And the future will be good to me
Only love for the moon and my future

I bring her tulips every year
and someone steals them

Let go of me
Stop

Іланг-іланг

в густому ореолі комах лампа схожа
на стиглу кульбабу
дівчина бліда як бинти щось вправно ворожить
не розбираю слів
я ще там де шумить і гу . . .
. . . де
розхристана природа проглядала мене наскрізь
я лежав як оглушена рибка в руці господній
і думка про воду накочувала тепле море
на материки освітлених ран
і черви і звірі і посланці пернаті
навідувались у пошуках свіжини
а на місці моєї руки вигулювався бамбуковий паросток
набирався сили
а в живу долоню хтось поклав мені
клубочок світу складного
видихнувши: живи
немає сили ні заплющити очі від сорому
ні крикнути забирайся я сам
сам я сам віддай мою руку
як тепер подолати німотну пащу рояля
і підкидати дитину до сонця
а бамбук годиться хіба на флейти
так і для того забракне духу
висока дівчина з поглядом Богоматері
жебонить зернами слів об кахлі
крізь пропалену дірочку в тюлі зазирає
пересмішник-місяць: час у дорогу
та ось у ватяній глухоті прорізається
жовта мелодія воскресіння
мов квітка іланг-іланг
і підбитий літак розгубленою петлею

Ylang-Ylang

in the thick halo of insects, the lamp resembles
a mature dandelion
the girl as pale as bandages incessantly conjures spells
I can't make out the words
I am still there where there is roaring and how . . .
. . . ling
unbridled nature has undone me thoroughly
I lay like a stunned fish in the lord's hand
and a thought about water fills a warm sea
bordering the land's illuminated wounds
that the worms, animals, and feathered messengers
visited while searching for sustenance
and instead of my arm a bamboo shoot hangs out
gathering strength
and in my hand someone has placed
the globe of this complicated world
exhaling: live
I don't have enough strength to close my eyes in shame
or scream get away from me, I'm alone
alone I'm alone, give me back my hand
how now to overcome the grand piano's mouth of silence
and toss a baby up to the sun
the bamboo will only be good for a flute
but I lack enough breath even for that
a tall girl with a gaze like the Mother of God
murmurs seeds of words upon the tiles
the mocking moon peeks through a hole burnt
in the tulle: time to go
and now in the cottony silence, a yellow
melody of resurrection pushes its way through
like a ylang-ylang flower
and a damaged airplane like a lost petal

повертається в небо
а малий із моїми руками вимережує складені звуки –
я видихаю так голосно аж розлітається
комашина кульбаба
світає . . .

returns to the sky
and the little boy with my hands embroiders the collected sounds
I exhale so loudly that the dandelion's
circle of insects dissipates
dawn . . .

*

Розкажи, листопаде, затримайся на годинку,
скільки наших ти візьмеш в нерівному поєдинку,
скільки найкращих підуть із пагорба в темні води.
Чому ти мовчиш, листопаде? Чекаєш нагоди?
Чому замість мудрості нам відведено стільки злості,
стільки білого відчаю у волоссі?

Ось вам, утомлені діти, клітка нова й простора.
Веди мене за собою, я вже стара як Тора
Посади мене обережно на лазуровий пагорб,
де ростиме крізь мене кожен священний пагін,
так, щоб видно і чутно все, – по найтонший шерех . . .
які ми дрібні камінці у твоїх кишенях,

як найближчі відходять холодними кораблями,
як старіє в серванті незаймана порцеляна,
як самотні жінки одягають важкі прикраси,
як бахрома лісів поглинає вузеньку трасу,
якою ми мчали на перших, на двоколісних . . .
Як натужно росла між нами німа завіса,

як у шибку шкребеться не страх, а ворона сіра,
як герої виносять золото і насіння,
вторгувавши по тому повні пригоршні мряки . . .
Як відважних і сильних на дні колисають раки,
як на морозне скло накладається ніжний видих . . .
Покажи мені, листопаде, крайніх серед невинних.

Навіщо мені одній такі пронизливі ранки?
Якщо я і вийду кудись, то лише за рамки.
. . . Мерзнуть слова, мов пуп'янки нерозквітлі.
Стоять унизу церкви в бурштиновім світлі.

*

Tell me, November, stop time for an hour,
how many of us will you take in this unequal match,
how many of our best will fall from a hill into dark waters.
Why are you silent, November? What are you waiting for?
Why are we filled with so much anger, over wisdom,
with so much white despair in our hair?

Here, tired children, is a new and spacious cage for you.
Lead the way, I'm as old as the Torah.
Plant me carefully on the azure hill,
where every blessed sprout will grow through me,
so that everything will be seen and heard—the softest rustle . . .
we are pebbles in your pockets,

as those nearest leave like cold ships,
as cherished porcelain ages in the cabinets,
as lonely women apply heavy makeup
as the fringe of the forest absorbs the narrow track
that we first raced upon with two-wheelers . . .
How thick the curtain of silence grew between us,

as it is not fear that scrapes at the window, but a gray crow,
as heroes carry away gold and seeds,
trading them for whole fistfuls of falling mist . . .
As the brave and powerful are rocked by crabs in the deep,
as faint exhalation covers the frosted glass . . .
Show me, November, the extremists among the innocent.

Why are these piercing mornings only for me?
If I do go somewhere, it will be across the border.
 . . . Words freeze like buds that will never blossom.
Below there are churches in the amber light.

Нерідний дід

Мій нерідний дід говорив так голосно,
що сороки злітали з паркану, забувши цікавість.
Тому ми дізнавалися всі новини пізніше за інших.
Він брав натомлену пугу, виходив на вигін
і довго стояв,
невідомо кого чекаючи –
корову з пасовиська чи сонне нагуляне сонце,
чи ще когось, хто давно забарився . . .
Баба називала його пришибленим і казала:
«Хоч би вже діждався».
Мій нерідний дід пропивав потроху медалі,
лаявся, вибираючи послід щурячий
із торішнього тютюну,
вчив мене злазити з велосипеда
(їздити я й сама навчилася),
показував Берлінський альбом, западаючи
в раптову мовчанку, а потім, набравшись голосу,
знову викрикував, так, мов хотів перекричати час:
«Бач, як багато родиться хлопців. Це до війни . . . »
А сам, либонь, жалкував, –
замість онука – чужа недолуга дівчинка,
відлюдькувата, як равлик . . .
Я малювала пальчиком серце
на мокрім піску.
Здається, то все, що знала тоді про любов.
Поганих дітей відпускають гуляти в дощ,
аби швидше зросли та покинули дім . . .
А я втекла на велосипеді.

. . . Вона прийшла до нього вві сні,
стишивши мідні дзвіночки на каптурі.

My Step Grandfather

My step grandfather spoke so loudly
that magpies scattered from the fence, having heard enough.
So we found out the news later than everyone.
He took the worn-out whip, went out to the bend,
and stood there for a long time,
we didn't know who or what he was waiting for—
a cow from the pasture or the sleepy, setting sun,
or someone else, who ended up staying longer than planned.
Grandma used to call him deranged, said
"If only he could be at peace."
My step grandfather drank away his medals one by one,
cursed, removed rat droppings
from last year's tobacco,
taught me how to climb off a bicycle
(I learned to ride it myself, no big deal)
showed me the photographs from Berlin, falling
into sudden silence, and then, regaining his voice,
yelling again in such a way as if to shout through time:
"Look at how many boys are being born. This is before the war . . . "
And he, perhaps, regretted,
that instead of a grandson, he had a weak step granddaughter,
solitary as a snail . . .
I drew a heart with my finger
in the wet sand.
It seems that's all I knew of love.
They let bad kids play out in the rain,
so that they would grow faster and leave the house more
    quickly . . .
And I ran away on my bicycle.

. . . She came to him in his sleep
 silencing the brass bells on her hood.

За три доби до весни.
За три весни до війни . . .

Three days before spring.
Three springs before the war . . .

Коні не виють

Безіменна річка за блокпостом . . .
Щовечора перед заходом сонця
там купаються привиди коней змиваючи кров
Останній у полі воїн
їх бачив
між стеблами ковили

Якщо ти почуєш виття сирен
і свист «поганих дівчаток»
що вискочили погуляти і
заблукали
Якщо ти почуєш як хрустко
розростається серце перед останнім
польотом
Можеш іти й вибрати найкращого
жеребця
Він переправить через ріку
А там уже й схід . . .

Horses Don't Howl

A nameless river beyond the checkpoint
Every evening before the sun goes down
ghostly horses bathe there, washing off blood
The last soldier in the field
glimpsed them
through the feather grass

If you hear the howling of sirens
and the whistle of bad girls
who snuck off for a walk
and got lost
If you hear the crackling
of your growing heart before your final
flight
You can go and choose the best
stallion
He will take you across the river
And there's the sunrise . . .

Ті що не спіймали

Як вони зараз живуть, ті, що робили дублікати ключів?
Ті, що брали на руки так легко, ніби дитину,
бавились, підкидали,
та не ловили . . .
Ті, що призначали короткі зустрічі з довгими
   перервами,
паркували свої серця біля входу в мій дім . . .
Говорили мало, більше кохалися,
гасили недопалки об цитринову шкірку на блюдці,
називали котів кумедними іменами,
та частіше – зганяли їх з одягу,
розкиданого по підлозі.
Де вони, ті, що кидали на прощання – «тримайся!»
На чому самі тримаються?

Попіл гасне, не долітаючи до землі, снігу, трави . . .
Так швидко блимають пори року.

Those Who Didn't Catch Me

How do those who made copies of keys live now?
The ones who took me into their arms so easily, like a child,
played with me, threw me up into the air,
but didn't catch me . . .
The ones who planned short meetings with long breaks,
parked their hearts near the entrance to my building . . .
They spoke little, made love more,
put out their cigarettes on the citrus rinds in the saucer,
called the cats by funny names,
and so often—shooed them from the clothes
scattered on the floor.
Where are they, the ones who said as a goodbye, "take care!"
How are they taking care of themselves?

The falling ashes go out, not reaching the earth, the snow, the
    grass . . .
The seasons flash by so quickly.

*

Тепер усе що ти можеш зробити для неї Ісусе –
не відкривати чорний конверт
Хай вона йде собі
вікна засклить до Великодня
ніби й по всьому
Сонна бджола залетіла і сіла на зошит
Лютого двадцять третє
контрольна робота

Господи, стільки у тебе турбот
світять міста-крематорії
фосфорним світлом
до ватного Ватикану
Тягнеться захід вервечкою гумконвоїв
через хиткі мости
набрякають масні ґрунти
Сіяти час
Може хоч небо закриєш

Хто там із ним?
Нікого
маленька ревнива вчителько
. . . Востаннє його торкалась хіба перукарка
Тепер ти прийшла
впізнавати

Приснилась висока ядерна паска
діти біжать врізнобіч
Не наздогнати
зірвала голос

*

Now the only thing that you can do for her, Christ,
is not open the black envelope
Let her go
the windows will be replaced before Easter
just like that
A drowsy bee flew in and landed on the notebook
a quiz
on February 23

Lord, you have so many worries
the city of crematoriums shine
with a phosphorescent light
onto the complicit Vatican
A rosary of a humanitarian convoy
moves West across shaky bridges
saturated soil swells
It's time to sow
Maybe you will at least close the sky

Who is there with him?
No one
a little jealous teacher
 . . . The last one to touch him was probably the barber
Now you come forward
to identify him

You dreamed of a tall nuclear Easter bread
 children running every which way
You couldn't catch them
 your voice broke

На ліжку, де спала мала
тільки пір'я
і спалений одяг

Бачиш ці вірші складені із уламків
Витягнуті з-під завалів
Роби з ними що завгодно
Та відведи її
далі
від чорних конвертів
Боже святий безсмертний

 але озвався його телефон
з конверта

On the bed where the child slept
were just feathers
and charred clothes

Look, these poems are made of fragments
pulled from the ruins
Do with them as you wish
Lead her further away
from the black envelopes
Holy Immortal God

but his telephone came to life
from the envelope

*

Почувалася так, ніби кров
на підлозі вагона метро,
мов липкі візерунки слідів – то нова моя форма . . .

Почувалася так, ніби хтось мене виміняв
на відро полуниць,
а забрати забув . . .
І перон – мов причал.
І червоний початок любові –
між серцем і горлом.

Прокидалася так, мов уже не стріляють,
Лишень заблукале хлоп'я
з пістолетиком поряд стоїть,
і – пах-пах! – в порожнечу . . .

Аж раптом не те що воронка –
чорна яма у грудях.
І маленькі червоні сліди.

Їм одну полуницю – за хворого брата,
іншу, меншу – за сина,
ледь придавлену, їм за того,
хто давив мені серце роками.
А останню – найбільшу, блискучу –
за батька, що ніколи не був мені батьком.

Опусти свою смерть іграшкову.
Іди, поверни мені сонце
лицем до найдовшої ночі
Тут – півонії й червень,
і воїни щільно стоять.

*

It felt like blood
on the floor of the subway car,
like sticky patterns of footprints—my new identity . . .

It felt like someone had turned me into
a bucket of strawberries,
and forgotten about it . . .
And the platform like a safe haven
and—the red beginnings of love—
between heart and throat.

I woke up as if no one was shooting,
only boys wander in
one stands nearby with a pistol,
and—bang-bang!—into the void . . .

But suddenly not just a crater—
But a black pit in the chest.
And tiny red droplets.

I am eating one strawberry—for the sick brother,
another, smaller one—for the son,
I am eating the slightly crushed one for him
who crushed my heart over the years.
And the last one—the biggest, the shiniest—
for my father who was never a father to me.

Put down your toy death.
Go, return the sun's face
to the longest night for me.
Here are peonies and June,
and soldiers tightly standing.

І ніколи,
Ніколи тебе вже ніхто не покине . . .

And never,
never will anyone leave you again . . .

*

Я прийду ще в цей матово-білий блокнот,
не письмом –
то кружалечком чайної плями
Буде небо важке над міськими полями
Буде сипати сніг як ніколи
у цих краях
і сплітатиме пальці
нетлінна торішня трава

Я прийду ще в цей світ
не з ребра
а з наперстка прощального дзвону
Чуєш ті голоси із нутра світової ріки?
хто стояв на мосту –
не мочив біографію вдруге

Але Боже не треба
не смій закривати блокнот
Я горнятко твоє недобите
горнуся й горю
Я тепер не словами увесь цей кошмар говорю
І це море пливу, і це дно до кінця проживаю

Кришталева хода
Ненаситна біда
венеційське намисто
Гасне вежа в підсвічнику
сонного міста

*

I will return to this matte-white notebook
not with words—
but with a tea stain from the bottom of a mug
The sky will be heavy above the Parisian fields
Snow will fall like never before
in these parts
and last year's undying grass
will weave fingers together

I will return to this world
not from a rib but from the thimble of a farewell bell
Do you hear those voices from within the world's river?
he who stood on the bridge—
his biography didn't include a second dive

But Lord don't
dare close this notebook
I'm your mug not yet broken
I'm pressing against you and burning
Now I'm not just using words to talk about this
nightmare
and swimming in this sea, in its depths, until the end

The crystal procession
The unsatiated pain
A Venetian necklace
The tower's light burns out in the candelabra
of the sleepy city

*

Вірші між нами коротшали
доки все звелося до літери
з крапочкою
яку ти збив із ніг на голову
бо любив оклични завершення . . .
Врешті все стихло
Я завмерла як біла мушля в палеозої
Не писати би слів закусивши губу
Не писати би пальцями по воді
Зганяти би кола в один делікатний нулик . . .
Влупив по світобудові, перевернув, покинув
Забув адресу
Забув лампи з вогниками у вікні
Тільки літери
Вгризаються в пам'ять
як миші в торішній мішок зерна . . .
За короткими віршами воля для сліпих
За довгими віршами клітка для зрячих

*

The poems between us grew shorter
until everything unwound into a single letter
with a period
which you turned on its head
because you liked exclamatory endings . . .
Finally, everything went quiet.
I became still as a white shell in the Paleozoic era.
I wish I hadn't written words, biting my lip.
I wish I hadn't written on the water with my fingertips.
I wish I hadn't turned circles into a delicate zero . . .
You destroyed my Universe, flipped, abandoned
Forgot the address
Forgot the lanterns with flames in the window
Only letters
gnaw at memory
like mice gnaw at last year's feed sack . . .
Short poems come with freedom for the blind.
Long poems come with a cage for those with sight.

Розарій

В листопадових сутінках вогкі й сонні
руни руїн, де сміються сови,
де ламкою луною заходиться кожен вибух,
береженого той береже, хто найпершим вибув.
За руїнами – в ніжному інеї горобина.
Ходить там жінка, шукає, кого любила.
Мічена хрестиком, чорною цяткою над бровою –
дика ластівка. Янгол передової.
Пахне повітря попелом і туманом,
вибито двері – зяє відкрита рана.
Ліжко худе й холодне, а ще дитяче.
Жінка терпне від болю, але не плаче.

***

Що ти знала? В горлі клубком – іржа
нерозплетених слів . . . Молодий сержант,
наймолодший . . . Допитував і дрижав,
і тебе як голку
все губив межи інших нічних зізнань,
чорним оком камера наповзла.
Взяв тебе за груди. Тоді позвав
командира полку.
Не заплакала ти, несучи на руках кістки.
Автозаки, чорні стрічки, хустки,
мерехтіння касок, немов луски –
м'ясорубка часу.
Хтось чужинських дітей у крові купав.
Хтось пакет до житла не доніс, упав, –
покотились яблука – час настав.
Перейшло за вінця.
Проступила на колах крику червона сіль,
ти сідала у свій реанімобіль, –

Rosarium

In the humid and drowsy November dusk
are the runes of ruins where owls laugh
where every explosion echoes tremulously,
the one who raced out first is better safe than sorry.
Beyond the ruins, a mountain ash amid the light frost.
A woman walks there, searching for the one she loved.
Marked with a cross, a black spot above her brow—
a wild swallow. An angel of the frontlines.
The air smells of ash and fog,
a broken-down door, a gaping wound.
A skinny and cold bed, a child's.
The woman is growing numb from pain, but isn't crying.

***

What did you know? A lump in your throat—the rust
of unwound words. A young sergeant,
the youngest . . . Was interrogating you, shaking,
and was losing you, like a needle,
among other night confessions,
the black eye of the prison cell crawled forward.
He grabbed your breasts and then he called
the commander of the regiment.
You didn't cry, carrying bones in your hands.
Prisoner transports, black ribbons, scarves,
shimmers of helmets like fish scales,
the butchering of time.
Someone bathed foreign children in blood.
Someone didn't make it home with the bag, fell—
apples rolled—the time came.
Lines were crossed.
Red salt showed through circles of screaming,
you climbed into your ambulance—

відчувала, як жадно невчасний біль
на коліна звівся.
Снився син – так, як сняться малі сини –
посміхається, «Ось я!» – руку лише простягни.
А тоді віддаляється ... до стіни.. –
і уже навпроти
лиш тонка, мерехка і неясна тінь ...
Різко сіпнувся шрамик на животі.
Міцно спали усі святі
і медична рота.
Ось вони повертаються, щойно сповзає мла:
всі, кого змогла ти ... І не змогла ...
Голоси в них чисті: «Біжи, мала,
тут не час гадати!»
І стрілець, що тебе прикривав, наче сніг ріллю,
що не встиг сказати тобі «люблю»,
тихо впав без подиву і жалю
в історичну дату.

***

Жінка вдивляється в себе – розбите люстро
Вперто її не показує, – сіра пустка.
Шкрябає пам'ять, – тривожний ґраттаж по слайдах.
Каже: «У цьому домі колись росла я ...»
Світиться білим між пальців її розарій –
все що лишилося. Просто ніхто не сказав їй.
Син переріс усіх – і поїхав одного ранку.
Мати міняє квіти, щодня протирає рамку.
Перший мороз обволік молоді троянди,
тягнеться дим над кущами ... І до веранди
тягнеться стежка, шовком слідів прошита.
Люди збирають речі. Лишають житла.

felt how greedily the untimely pain
shot to your knees.
You dreamed of your son—the way sons are dreamed about as they were—
he is smiling: "Here I am,"—just hold out your hand.
And then moves back . . . up to the wall . . .
and then across from you
was only a tiny flickering and murky shadow . . .
The scar on your stomach twitched sharply.
The saints slept soundly
and so did the medical team.
They return when darkness descends:
everyone that you could save . . . And couldn't.
Their voices are clear: "Run little one,
there isn't time to think."
And the marksman who covered you like snow covers a plowed field
didn't have a chance to say "I love you,"
fell quietly without surprise or regret
on that historic day.

***

The woman looks at herself—the broken mirror
stubbornly doesn't show her—gray barrenness.
Scraping her memory—an alarming grattage on slides.
She says, "I grew up in this house once . . . "
In the space between her fingers, her rosarium shines white—
all that is left. It's just that no one told her.
The son grew taller than everyone—and left one morning.
The mother puts out fresh flowers and wipes the frame every day.
The first frost falls on the young roses.
Smoke spreads over the bushes . . . And the path
leading to the veranda, sewn with footsteps of silk.
People collect their things. They leave their homes.

*

Не ходи в той дім
все що ти не встигла забрати пішло як відкуп
за нелюдськи щасливе життя
за гучні вечори та повільні м'які прокидання
за більші вазони, за каву на світлій терасі
за сосни, що досі тримають небо
над згарищем
Ти ще трохи вагалась, чи брати старий програвач і
    улюблені кілька платівок
І мохерову пряжу, що вчора взяла на розпродажі
Але твоя маленька автівка ще більше стиснулася від
    супротиву
Ніби передчувала, що за кілька годин стане решетом
Вона й зараз десь ніжно іржавіє на узбіччі весни
До неї ти теж не ходи
ні думками, ні текстами, ні малюнками
заклинаю тебе, залиш їх у спокої
Особливо Дім –
у ньому кубляться чорні лисиці жалю
Дощі заливають кістяк роялю
Ганчір'я, побите шрапнеллю, ще марить про модні
    вилазки
У пряжі зимують лялечки
викохані на хвойному молоці
не тягни за нитку, не пам'ятай
Душі речей
які не пройшли відбір
накинуться й не відпустять

Кажуть, там з уцілілих вазонів повилазили паростки
І ночами з підвалу чути
потріскану музику

*

Don't go into that home
everything you didn't have time to take
was like a ransom paid
for an incredibly fortunate life
for boisterous evenings and slow soft awakenings
for larger flower pots, for coffee on the sunny terrace
for the pines that still hold up the heavens
above charred ruins
You were still a little uncertain about whether you should take
    the old record player
and some of your favorite records
and mohair yarn that you bought on sale yesterday
But your small car was strained more and more by the resistance
As if it knew that in several hours it would become a riddled sieve
It is now tenderly rusting away somewhere on this side of spring
Don't dwell on it either
with thoughts with texts with drawings
I cast a spell over you, leave them behind
Especially, the Home—
inside it, the lair of black foxes of grief
Rain pours over the skeleton of the piano
Old clothes, worn by shrapnel, still dream of fashionable outings
Dolls winter in string
nourished by coniferous milk
don't pull a thread, don't remember
The souls of objects
that weren't selected
will overwhelm you, won't let you leave

They say that sprouts germinated from the surviving vases
And that at night you can hear
cracklings of music coming from the basement

*

Розгортай мене і розкачуй, дістанься самого крою,
нагодуй мене ясністю межи чудною грою,
дійди, куди ще ніхто не доходив, по самі титри,
аж доки світанок не розіллється чорничним сидром,
доки ми в ньому не застигнемо в комашиній подобі –
не спиняйся, дізнайся, якої ж я проби.
Доки ми не розклалися на коштовний пил і цитати,
доки ми звучимо навзаєм, як дві осінні цикади, –
прокажи мене, прокажену, виспівай, недоспілу,
хай розквітнуть на всю кімнату від того співу
тугі цибулинки див у тісних вазонах,
хай усе родове, називне і неназване – йде назовні.
Кажуть, десь у кінці нас чекає та сама брама,
за якою ми вільні . . . Камлає маленький брахман,
емалевий лотос у небі плаває, мов лампада . . .
Летить шаблезубий олень і м'яко пада
велика тінь його, як любов, якої вже не позбавиш,
на корінці книжок, подібні до клавіш,
бо музика сутінок грає з нами у прірву в житі . . .
Поцілуй мене там, де намертво зшиті
земля із небом, душа із тілом, зима із літом . . .
. . . А те, що побачиш, просто залиш дотліти.

*

Unfold and dive into me, to my very bone,
Feed me with clarity the boundaries of this fantasy game,
journey where no one has journeyed before, to the ending credits,
until dawn spills over like dark cider,
until we aren't trapped in an insect's likeness—
don't stop, find out what I am made of.
As long as we haven't decayed to precious dust and citations,
as long as we buzz to each other, like two autumn cicadas—
label me, a leper, sing it, unsung
let firm bulbs of wonder in tight vases blossom
all over the room from your song,
let everything genitive, nominative, and unnamed—come out.
They say that at the end the very gates await us,
beyond which we are free . . . A little brahman conjures,
an enamel lotus swims in the sky, like a lamp . . .
A saber-toothed deer flies, and its large shadow
falls softly, like love, which you can't let go of anymore,
on the spines of books, resembling a keyboard,
because the twilight's music plays with us in the abyss of rye . . .
Kiss me there, where the earth is firmly sewn
to the sky, the soul to the body, winter to summer . . .
  . . . And that which you will see then, leave it to burn.

*

Найважче – навчитися говорити заново
Коли мову твою виривали з тебе
по літері
смикаючи за нитку
як виривали в дитинстві молочні зуби
І ось ти стоїш із повним ротом червонго мовчання
перед сотнями світових мікрофонів
але всі тебе чують
це і є нова поезія
Наші куленепробивні книжки затуляють вікна
а наступні книжки врятують кордони

Мовчання високої проби
породжує птаху
що викльовує зародки
зайвих означень
Розкидані по ближніх і дальніх світах
ми тримаємося за кровну
гуманітарну нитку

*

The hardest thing is learning to speak again
after they tore your language out of you
letter by letter
pulling each out by a string
the way your baby teeth were pulled out as a child
And here you are with a mouth full of red silence
before hundreds of the world's microphones
but everyone hears you
this is after all new poetry
Our bulletproof books cover the windows
and those forthcoming will preserve our borders

The many-karat silence
gives birth to a bird
that pecks apart the embryos
of superfluous attributes
Scattered across near and distant worlds
we hold onto the bloodied
thread of humanity

*

Як стемніло, виводили його троє,
білою шматою руки скрутили,
чорну пов'язку – на очі.
За фургоном довго ще бігла стара вівчарка,
вила птаха Сирена.
Був дощ.
А потім влупили гради . . .
. . . Він отямився від холодної краплі,
що впала йому на брову –
конденсат неволі.
Перевірив, чи все на місцях –
недобите й відбите, живе й ампутоване, –
тільки б не втратити пам'ять.
Інше то відросте.
Помацав голос, –
голос на місці.
Відтоді він не сказав їм жодного слова.
Обрубками звуків хапався за крайчик життя.
І щоразу вертався до камери переможцем.
Ночами писав, –
до тієї, яку рятували, та вижило
тільки дитя.
До дитяти, що ось уже вчиться читати.
До мами, що впала, розсипавши криваві порічки.
До мешканців площ у зимових палатках,
до президентів, патронів, єпископів,
до Бога, до Сатани . . .
І тільки двоє останніх
могли, але не робили.
«Не підлягає ні обміну,
ні поверненню».
. . . Сидить на безіменній могилі
тінь вівчарки.

*

When it grew dark, three of them led him outside,
his wrists bound with a white rag,
a black blindfold over his eyes
An old sheepdog ran behind the van for a long time,
the Siren bird wailed.
It rained.
And then it hailed . . .
. . . He came to from a cold drop
that fell on his forehead—
the condensation of captivity.
He checked his entire body,
beaten and broken, alive and amputated,
if only he could keep from losing his memory.
Everything else could grow back.
He touched his voice—
his voice was in place.
From then on, he didn't say a word to them.
He grasped the edge of life with stumps of sound.
And each time, he returned to the cell a victor.
He wrote at night
to the one they tried rescuing, but only the child
survived.
To the child that is already learning to read.
To the mother who fell spilling bloody currants.
To the apartment dwellers sheltering in winter tents in the squares.
To presidents, patrons, bishops,
To God, to Satan . . .
And only the two latter
could, but didn't.
"Not subject to change,
nor exchangeable."
 . . . The shadow of the sheepdog
 sits on the unnamed grave.

Осінь 2020

Жовтий стоїть на сторожі мов кат
Тремтить і не опадає
Червоний розвішує виноград
надто високо
Сильний веде лисицю на повідку
Страшний палить легені Сміливому
Земля каже «так»
Понюхай як тобою вже тут не пахне
як квіти твої підросли
за шовковистим тюлем туману
Знову той самий дім цегляний поріг
і потріскана фарба веранди
Іржавий велосипед
дзвенить а не їде
Передчуття людини
схоже на прокладання внутрішніх рейок –
тривожно і лоскітно
А витягнуть потім хребет –
зрозумієш лисячу мову
Ноти шипшини розм'якли і музика
потемнішала
Пізня музика ще не зими
Між Чевоним і Жовтим
Хтось їде
дзвенить
не тобі
Молоко закипає застудне
До крові натер повідок

Autumn 2020

The Yellow stands on guard like an executioner
Trembles, but doesn't drop its leaves
The Red hangs grapes
high out of reach
The Strong walks a fox on a leash
The Frightening scorches the lungs of the Brave
The Earth says "yes"
Smell how your scent is not here anymore
how your flowers grew
behind the silk toile of fog
Again, that same building with a brick threshold
and cracked paint on the porch
The rusty bicycle
that rings but doesn't move
The premonition of a human
resembles the laying down of inner rails—
both alarming and ticklish
And then if they will remove your spine—
you will understand the fox's language
The rose hip notes soften and the music
darkens
The late music of winter at bay
Between the Red and the Yellow
Someone comes
rings
not for you
The milk boils, it will grow cold
The leash rubbed until it drew blood

Безхатьки

Наш дім –
підстрелений човен
він і досі повзає по безводдю
як великий розгублений жук
ворушить веслами
збиваючи вершки туману

А ми жили у старій друкарській
машинці
відважні байстрята баби Кирилиці
і ще тепла кров на наших надгробках
пам'ятає авторський стиль

А ми були небесними мотилями
і жили у церковному дзвоні
та вдарили чорні звуки
і ми посипались попелом
Тепер ми
біля вишневих дверей
 Сен-Поль-Сен-Луї
І сонце-годинник обшукує нас мацаками

Женев'єва майструє човники із письмових заяв на
    прихисток
пускає їх по Секвані
Літери набрякають бузковою цвіллю
Робить важливий дзвінок і киває –
«Нехай заходять»

The Homeless

Our house
is a boat shot through
still crawling along despite lack of water
like a large lost beetle
moving its oars
whisking the top of fog

And we lived in an old
typewriter
courageous bastards of baba Cyrillic
and the blood still warm on our graves
remembers our unique writing style

And we were heavenly butterflies
and lived inside a church bell
but were struck down by black sounds
and we rained down as ashes
And now we
are next to the cherry doors
of Saint Paul-Saint Louis
and the sun-clock frisks us

Genevieve controls the boats from the petitions for shelter
sends them down the Sequana
The letters swell with lilac dust
She makes an important call and nods—
"Let them in"

*

Блаженна Терезка не йде годувати котів – зламала
   ключицю
В такому віці вже кістки не зростаються
Їй тисяча літ і один маленький світловий день
І лежить вона в тому дні
на дні –
дівчинка-сирота
І сумирно сидять коти припорошені
першим снігом
Йой же
Терезка впала з драбини якою лізла до неба
Хтось сипнув ув очі ромашок –
голова закрутилась
Тане, тане льодяник трамваю у
піднебінні сутінків
Дзвенять на підвіконні пляшечки
із паростками
Не знайшлося землі
Терезка лізла до неба
Синій біль прочиняє шибку
виє до вітру
а повертається сніжинкою на язик
Білий біль зачиняє шибку й мовчить –
як син
Чорний біль витягує з неї хребет
як інструмент з футляру
Звучно
гойдається павутина
Чує Терезка як зростається перелом
Встає і шукає драбину
  . . . Коти й голуби обступають
її внизу . . .

*

Mad Terezka doesn't go to feed the cats—she broke her collarbone
At that age bones don't mend
She is one thousand years old plus one tiny light day
And she basks in that day
at the bottom—
a girl—an orphan
And the cats sit still covered in the dust
of the first snow
Oh my
Terezka fell from the ladder which she was climbing up to the sky
Someone threw daisies into her eyes—
her head spun
The lollipop tram, melting, melting
in the twilight's palate
Seedlings in bottles
chime on windowsills
No soil was found
Terezka was climbing up to the sky
Blue pain opens the window
howls into the wind
and returns as a snowflake on her tongue
White pain closes the window and is quiet—
like a son
Black pain pulls out her spine
like an instrument from a briefcase
Resoundingly
a spider web swings
Terezka feels the fracture fusing together
She gets up and looks for the ladder
  . . . The cats and doves surround her
at the bottom . . .

*

Липень відходить, – утомлений лис, – перебита лапа
Ватяний голос, позичена мова, – криком не наздогнати
Сонце холодне, що знаєш ти про мій тимчасовий захист?
Якою поштою переслати додому все світло, всю зброю і
    прохолоду на літо
А мене вже забудьте
Мене вже нема, є тільки втома з очима
Втома така паскудна, підступна сука
А часом іще присниться стара квартира
Запах фломастерів і чорно-білий екран без пульта
І хороші, найкращі у світі новини
І цукор на мокрому хлібі
Літо моє, обкусане комарами, навіщо знову будильник,
    метро до rue Monge?
Хай би я спала у вічній дитячій постелі
Чому ти стоїш наді мною, дурне лисеня?
Ніхто вже не буде з тобою гратись
Бо я вже не я, тільки втома з руками,
Впиваюсь у шию роботі, аби не піти на дно
Добрий боже, накрий своїм тілом прозорим будинок та
    прикордонні
я повернусь щоб забрати речі

*

July passes—a fatigued fox—an injured paw
Cotton voice, borrowed language—can't capture it with a yell
Cold sun, what do you know about my temporary refuge?
What post office can I use to send all electricity, weapons, and
    coolness for the whole summer,
But just forget about me
I'm already gone, my eyes are exhausted
Exhaustion is so ugly, an insidious bitch
And sometimes I still dream of the old apartment
The scent of markers and the black & white TV with no remote
And good news, the best on earth
And sugar on wet bread
My mosquito-bitten summer, why is there an alarm to wake
    me again, the metro to rue Monge?
If only I could sleep in my childhood bed forever
Why are you standing above me, stupid little fox?
No one's going to play with you anymore
Because I'm not me anymore, just some tired arms
I drink from the neck of work, so I don't sink to the bottom
Good God, protect my house and those on the front with your
    transparent body
I'm coming back to get my things

*

Одного дня вона втече в свої хащі
Звідки ти її виніс малою
Слухатиме пісок тремтячим від плачу нутром
Аж доки великий окунь народить місяць

Вона бачитиме підводну папороть
Пізнаватиме слизьке каміння
Обціловане душами потопельників
Відчуватиме як міцно стягуються часові пояси

Вона проговорюватиме в долоню
«хай би мій день був і твоїм – одночасно
хай би ніч твоя – накривала й мене синхронно»

Димом запахне вода річкова
Пелюстка вітрильника злизана язиками хвиль
Вирине ще не раз у її баладах
Почується безутішний плач немовляти
Чи крик заблукалої птахи в останках літа
Чи якась ненароджена пісня втрати

Хто ти?
Як тебе звати?
Тепла мішковина піску гойдає сонних закоханих
Смикається живий поплавок у грудях
Та знову зривається здобич

І така безкінечна дорога – крізь воду
І така непосильна праця – любов

Не буди її коли раптом засне на березі

*

One day she will flee back into her undergrowth
From which you carried her as a baby
Listen to the sand, her body trembling from heart-felt tears
Until a large perch gives birth to the moon

She will see an underwater fern
Recognize the slippery stones
Kissed by the souls of the drowned
Feel how tightly time zones are compressed

She will talk into her palm
"let my day become yours instantly
let your night wrap us in synchrony"

The river water will smell of smoke
The boat's petal sail licked by the tongues of waves
Will merge time again in her ballads
You'll hear the inconsolable cry of an infant
Or the cry of a lost bird in the remnants of summer
Or some unwritten song of loss

Who are you?
What is your name?
A warm sack of sand rocks sleepy lovers
A living twitch in the breast
And the catch escapes again

And what an endless road—through water
And what back-breaking work—love

Don't wake her when she suddenly falls asleep on the shore

*

любий не пий того чим себе не заповниш
вчора ти вбив мене а сьогодні ми вже дивись
осягаємо взаємотримання бо
якось же треба не впасти
сині птахи гупають об переднє скло
чорні птахи шкребуться в горлі плачем
і така довкола прозора й тверда карамель зими
що нам не пробитись крізь неї
стисни мій пальчик мов пуповину
у дожиттєвий період
бо хто ми і що ми не вписано в жодну книгу
не надихано на небесні шибки
не вбивай мене любий не пий
скільки ще справ попереду
наприклад відправити теплі речі загубленим янголам
або надіслати важливі слова тому хто вже втратив адресу
не звертай уваги на птахів
ми збожеволіємо
просто тримайся за пальчик

*

honey, don't drink anything that won't satisfy you
yesterday you killed me and today we have already
learned to support each other because
somehow we need to stop each other from falling
blue birds thump against the front windshield
black birds scrape the inside of my throat with their cries
and such a clear hard caramel winter surrounds us
that we can't break through
squeeze my finger like an umbilical cord
at the moment of birth
because who we are and what we are isn't written in any book
or breathed onto a heavenly window
don't kill me my love don't drink
how many tasks lay ahead of us
for example send warm things to lost angels
or send important words to the one who no longer has
an address
don't pay attention to the birds
we will go crazy
just hold onto my finger

*

я давно хотіла спитати: як тобі, там, потойбік війни?
здається, там тепло настільки, що сніг перетворюється на молоко,
а хлопчик зі скрипкою цілий рік стоїть у футболці,
і голуби, здіймаючись вище ратуші,
зависають між снігом і музикою,
ніби розгублені кулі – між душею та тілом

та зараз не буду писати про нас
напишу про міста, звідки в довгих важких конвертах
приходять діти замість листів
де налякане сонце, мов заморожена мандаринка
викочується раз на тиждень,
і крізь дим проступає дим,
і крізь смерть проростає смерть

роздери свої груди, покажи своє внутрішнє пекло –
покажи, що таке одинокість,
як це – коли така порожнеча, що нема об кого навіть поранитись
навчи мене мови стін –
а я покажу тобі ті міста –
і хлопчик, якого ти вигадав, продасть свою скрипку,
щоб купити пальто

я давно хотіла спитати: за що? І коли це скінчиться?
стільки часу минуло, а я все знаходжу
запальнички в кишенях – ще з літа . . .
куди подіти весь цей вогонь?
більше вогню, ніж тепла
більше стін, ніж дверей

ти ж навчиш мене мови стін?

*

I've wanted to ask for a long time: what it is like for you on
    that side of war?
it seems it's so warm there that the snow turns to milk
and a boy with a violin stands there all year in a t-shirt
and doves fly higher than the rainbow
suspended between the snow and music
like lost bullets between soul and body

but I won't write about us now
I'll write about the cities from which children come instead of
    letters
come in long heavy envelopes
where a frightened sun is like a frozen mandarin
rolling out once a week
and smoke seeps through smoke
and death begets death

tear open your chest, reveal your inner hell—
reveal what loneliness is
how it is—when it's so deserted there's no one to harm you
teach me the language of walls—
and I'll show you those cities—
and the boy who you thought would sell his violin
so that he could buy a coat

I've wanted to ask for a long time: why? And when will this end?
how much time has passed while I've been finding
lighters in my pockets from the summer . . .
where can we put all this fire?
there is more fire than warmth
there are more walls than doors

will you teach me the language of walls?

Papilio Paris

Стомившись по всіх безумствах, ми кохались повільно,
і щоразу мій погляд зупинявся незмінно там,
на білій стіні, де у рамці за склом
застигло крихітне серце природи –
papilio paris.
Що думав собі Господь, коли витинав тобі крильця?
Чи інші закохані поміж високих кущів
споглядали твої бірюзові цяточки, дівчинко,
коли ти ще була живою, могла літати, papilio paris?
Я мружилась, удаючи насолоду,
і бачила відсвіт її перламутрових мандрів,
її мерехтіння за тисячу метрів над морем,
її дрейфування у квітах жасмину, коли прокидалася
    Індія,
коли засинала . . .
. . . а все – коротесенький термін, лиш порух,
маленьке життя,
за яким – тільки вічність, базальтова вічність за склом.

Коли ми полишали ту саму квартиру, де важко
    любилось
і нерівно спалось,
я потай зняла зі стіни метелика . . .
О, як ми спішили тоді з валізами!
Наше минуле гналося слідом, помітивши злочин,
сонце кричало щось навздогін . . .
та ми вже не чули, заглушені радістю,
і тоді воно розрослося – до самого вересня.
Що то були за нестерпні дні?!
Проковтнувши втрату, сподівалася, що минеться,
та бачила все вона, papilio paris,
та, що знає більше за всіх про дію отрути . . .

Papilio Paris

Tired out from all the madness, we languidly made love
and each time my glance invariably stopped there,
on the white wall, where in the frame behind glass
nature's fragile heart was frozen—
papilio paris.
What was God thinking when he made your wings?
Did other lovers among tall shrubs
contemplate your turquoise patches, little girl,
when you were alive and could fly, *papilio paris*?
I squinted, feigning pleasure,
I saw the glitter of her mother of pearl wanderings,
her flickering 1000 meters above the sea,
her drifting among jasmine flowers, when India awoke,
when she fell asleep . . .
    . . . and all of it—in a short time, just a movement, short life,
after which there was only eternity, embalmed eternity behind
    glass.

When we left that very apartment where love was difficult
and sleep restless,
I secretly took the butterfly off the wall . . .
Oh, how we rushed then with our suitcases!
Our past was trailing after us, having noticed our crime,
the sun yelled something in pursuit . . .
and we didn't hear it, drowned out by joy,
and it continued to grow until September.
How unbearable were those days?!
Swallowing loss, hoping that it passes,
but she saw it all, *papilio paris*,
she who knows more than anyone about how poison works . . .

Як тобі зараз спиться, дихається, говориться?
Як тобі п'ється без приводу, кохається без причини,

там, поміж інших стін? Де замість метеликів –
повільні тіні жінок, безбарвних, безликих . . .
Як же лишитися мужньою, мудрою, коли підступає зима,
а в шафі – ще не вистигли наші спільні футболки?
І сни – короткі й гарячі, мов життя papilio paris . . .

Я сильний метелик, і мені вже нічого не страшно.
Я – вічний метелик, бо мертва, і тепер подолаю
не те що зиму – але й найтяжчу любов,
бо сухе моє серце.
Стережіться papilio paris!

How do you sleep now, breathe, speak?
How do you drink needlessly, make love senselessly

there between other walls? Where instead of butterflies—
there are the slow shadows of women, colorless, faceless . . .
How do we stay strong, wise, when winter comes,
and in our drawer are our shared t-shirts still there?
And our dreams—short and hot, like the life of *papilio paris*.

I'm a strong butterfly, and nothing frightens me.
I'm an eternal butterfly because I am dead and I can now
    overcome
not only winter but also the most difficult love,
because my heart is parched.
Beware of *papilio paris*!

Рубін

Коли він стискав їй долоню, втрачаючи розум,
вона скрикувала від болю, згадуючи про перстень.
Ніяких сережок, браслетиків, ланцюжків,
ніяких застібок – він брав її легко й упевнено,
Тільки якби не той перстень з маленьким рубіном,
червоноокий циклоп, – ніби весь рід її стежить за ними,
та береже, щоб нічого не сталось.

А коли він пішов, переступивши через світанок,
уперед, за сурмою –
їй здалося, що нема нічого страшнішого
за біль у нестиснутих пальцях,
і газети тремтіли на протязі, – без хороших новин.
Змовкла канарка. Випав маленький рубін
із теплого тільця, з нутра золотого . . .
Хтозна, що віддзеркалює небо: розлите вино чи криваве
  поле?
Хтозна, скільки зірок їй змовчало про те, що
в них – лише душі каменів,
і ні шляху, ні розгадки, просто німа краса . . .

Та вона все одно задивлялася вгору,
дівчинка з рубіновим ротом,
повним плачу,
дівчинка з бабусиним перстнем, –
уперед, за сурмою.

. . . Їх поклали не поряд –
батьки не дійшли в тому згоди.
Здавалось, усі камені світу зібрались і стали над ними –
в химерному колі.

Ruby

When he squeezed her palm, she yelled from pain,
losing her mind, remembering the ring.
No earrings, bracelets, necklaces,
no clasps—he took her easily and confidently,
it was only because of that ring with a small ruby
a red-eyed cyclops—that made it seem like her whole family
   was watching them,
guarding them so that nothing would happen.

And when he left, crossing through dawn,
going forward, following the trumpet's call—
it seemed to her that there was nothing more frightening
than the pain in her unclenched fingers,
and the newspapers trembled in the breeze without good news.
The canary became silent. The small ruby fell
from its warm body, from its cradle of gold . . .
Who knows what the sky reflected—spilled wine or
bloody fields?
Who knows how many stars refused to tell her that inside
they had only souls of stone
and no pathway, no riddles, just mute beauty . . .

But she stared up and around anyway,
the girl with the ruby mouth,
full of tears,
the girl with her grandmother's ring,
going forward, following the trumpet's call.

. . . They didn't bury them side by side—
the parents couldn't agree on it.
It seems that all the stones of the world gathered and stopped
   above them
in a chimerical ring.

Несолодке вино, нескінченна війна – покотилася
  крапля,
рожево-червона, червоно-рожева.
Золоті, золоті мої діти . . .

Лиш час – походжає собі та видзьобує зерна.
Мов канарка по мінному полю . . .

Bitter wine, unending war, a drop rolled down,
rose-red, red-rose.
Golden, golden children of mine . . .

Only time strolls and plucks out seeds
like a canary in a mine field . . .

Чайка

І тепер ти лежиш із повним ротом прострочених зізнань,
із повними легенями невивільного тепла,
із розчепіреними кігтями вій, що не втримали сон,
де хлопчик бреде узбережжям, накриваючи своїми слідами твої сліди.
«Чайка! Ти бачила чайку?!»
і велика трагічна птаха пролітає повз нього,
зачіпає плече, застигає на ньому татуюванням . . .
Ти пішла собі далі, відрізана смугою темряви,
а вона так і лишилася з ним – та чайка . . .

І тепер ти – лише відрізок його зростання,
і хребці твої – багатокрапка по всіх недоговорених істинах
вашої останньої ночі.

Хто допоможе тобі піднятися?
Папороть біжить твоїм тілом, мох огортає притишені рани,
місяць застряг тобі між лопадок, мов яблуко,
Єво ти моя, Єво, –
темна кров переповнює голос –
хто почує тебе в цих руїнаїх?

А колись ти стояла навшпиньках на підвіконні висотки
та розгойдувала той самий гріховний місяць,
випрошуючи слів у перші записники –
«Давай, ну давай же, рідний, не зупиняйся!»
Та одного разу з'явився хлопчик із чайкою,
і ти не втрималась – оступилася . . .

Б'є межи очі новонароджений день.
Іще один курва падлючий день . . .

Seagull

And now you lie with a mouthful of overdue confessions,
with lungs full of oppressive heat,
with eyelashes that couldn't hold onto sleep lifted by claws
where a boy wanders the shore, covering your footprints
with his footprints.
"Seagull! Did you see a seagull?!"
and a large tragic bird flies over him,
scrapes his shoulder, leaves him tattooed . . .
You went farther, cut off by a strip of darkness
and it was left with him—that seagull . . .

And now you are only a part of his growing up
and your vertebrae—ellipses on unspoken truths
of your last night.

Who will help you rise?
A fern runs over your body, moss grows over closed wounds
the moon is stuck between shoulder blades like an apple,
Eve, you are mine Eve—
dark blood floods your voice,
who will hear you in these ruins?

Once you stood on a high windowsill on your tiptoes
and swung that same sinful moon,
entreating words into first notebooks—
"Don't stop, my dear, don't stop!"
But one time the boy with the seagull appeared
and you didn't hold on, you stumbled.

The new day hits me between the eyes.
Another horrible day . . .

Казка Про Спалену Шкіру

а переведи мене через ліс у твоєму горлі
там у темносиній траві гуляють мурахи по жовтих кістках
і блискучі суниці постають із мертвеччини розливаючи
   солод
а пусти мене по суниці
господи я так хочу лишитись живою
не дихай не говори

ти дівчинко що приручила Степового Вовка
хіба тобі не казали що не треба палити шкіру
де твій суко червоний скальп іди познімай липкі його
   обіцянки
на чорних покручах минулих дерев
хіба ти не могла його збудити коли він заснув із жуйкою
   в роті
а то вже був апокаліпсис
бери тепер слоїк зціджуй отруйне своє молоко
на холодного первістка

той хто не знає доріг ніколи не заблукає
я вишкрябала дороги у тебе на спині коли починала кінчати
а шрами лишила собі
хай не осудять тих кому судилася смерть хай осудять мене
венозну артеріальну твою . . .
заблукай мене заблукай я так стомилася повертатись . . .

у тридесятому царстві жив хлопчик із ямочкою на
   підборідді
із воронкою посеред грудей
із комахами в голові: одна півкуля – за маму
інша – за тата
грав собі на сопілочку складав пташок у коробочку
а від музики його потойбічної дикі ягоди проростали

A Tale of Burnt Skin

carry me through the forest in your throat
there in the dark blue grass ants crawl over yellow bones
and bright sweet strawberries grow among corpses spilling a
    sweet smell
but let me collect the wild strawberries
God I really want to stay alive
don't breathe don't speak

you are the girl who tamed the Steppenwolf
didn't they tell you that you shouldn't burn skin
bitch where is your red scalp go remove his sticky promises
on the black twisted trunks of bygone trees
couldn't you wake him when he fell asleep with gum in his
    mouth
for it was already the apocalypse
now take a jar and strain your poisoned milk
over your cold first born

the one who doesn't know the way never gets lost
I carved maps on your back when I started to come
and kept the scars for myself
let them not judge those who were sentenced to death let
    them judge me
your venous arterial one . . .
lose me lost I am so tired of going back . . .

somewhere in a magical kingdom there lived a boy with a
    dimple in his chin
with a crater in his chest
with insects on his head: one half of the world—for mother
the other half—for father
he played the flute put birds in a box
but from his music wild berries sprouted

щось тихе та непомітне наче народження пилу
назріває у ті години коли ти мене відпускаєш
дощ нарешті стає дощем і щасливо тікає під землю
пісок хитро ворушиться ловить губами взуття
вишитий хрестиком вовк прибитий над ліжком як
  охоронець
доки знову не стрепенусь
а переведи мене через ліс

музика рвалася билася шаруділа
терпка безкінечна музика йшла із пташиних очниць
у замкнений простір
а тому хто її посіяв
не могли зупинити кров

something quiet and unnoticeable like the creation of dust
happens in the hours when you let me go
the rain finally becomes rain and happily soaks into the earth
the sand cleverly stirs and grasps shoes in its lips
a wolf embroidered in cross-stitch is nailed above the bed for
    protection
until the time I am jarred awake again
carry me through the forest

the music broke out beat rustled
bitter never-ending music came from birds' eyes
in the blockaded space
and the one who initiated it
couldn't stop the blood

Я Любила Твоїх Жінок

Я любила твоїх жінок . . .
Тих, із якими була знайома і тих, на фото,
що не знали мене, та про них мені друзі твої розказали.
А найбільше любила вигаданих,
виплеканих у синьому молоці безсоння.

Віриш? – я друзів шукала –
старих твоїх друзів,
із яких складається, наче пазл, ваше спільне минуле,
з якими могла б говорити про тебе.
Я брала їх близько до серця – одного за одним,
підстерігала і нападала, як маніяк, аби . . .
подружитись.

А ще – я торкась твоїх дерев,
знайшовши ту вулицю, де ти ріс.
Я могла б і будинок знайти,
та соромно стало.

Сусіди давно не ті.
Я так знахабніла, що стала вдиратись тобі у сни
і чула, як ти кричиш, але
вона тримала тебе за голову й заспокоювала,
і я, згорнувшись калачиком у твоїй голові,
все ж таки снилася.

Я навіть писала тобі книжки, та . . .
краще про це не треба.
Теж мені, знайшла кого дивувати.

Я намагалася слухати твою музику.
Тут уже, вибачай, – нічого не вийшло.

I Loved Your Women

I loved your women . . .
Those that I knew and those in the photos
who didn't know me, who your friends told me about.
I liked the imaginary ones best,
nurtured in the blue milk of insomnia.

Can you believe it?—I looked for friends—
your old friends
which when put together like a puzzle formed your common past.
I could talk to them about you.
I drew them close to my heart—one after another,
I stalked and ambushed them like a maniac, just to make friends.

And I also touched your trees,
having found the street where you grew up.
I could have found the building also,
but I became ashamed.
Your neighbors had moved away long ago.

I became so brazen that I started to encroach on your dreams
and I heard how you cried out, but
she held your head and calmed you
and I, curling up in your head,
kept appearing in your dreams.

I even wrote books for you, but . . .
it's best not to talk about this.
As if that could ever surprise you.

I tried to listen to your music.
Sorry it didn't work out.

І якщо я більше ніколи не зможу тебе торкатися, знай –
зі мною будуть твої прекрасні жінки, вірні друзі, старі дерева –
цього достатньо, щоб не померти.

And if I can never touch you again,
I want you to know—
your wonderful women will stay with me, true friends,
old trees—
it is enough to live for, enough not to die.

Равлики Та Жуки

щоб не терпіти щоразу гострішого мовчання на тему
 дітей
вони заведуть великих равликів
годуватимуть їх із долонь як ангелів аби тільки ні в
 якому разі
не обірвались години її медитативного дозвілля
так
авжеж
равлики
що може бути краще й живіше
навіть не чутно як вони дихають
тільки посеред ночі він випадково торкнеться її щоки
так і не зрозумівши чиї там сліди . . .

колись вони вміли сидіти поряд а не напроти
він вчив її орудувати китайськими паличками
щоб тільки був привід торкатися її пальців
а потім заплющивши очі довго мусолити згадки
про ті голодні східні вібрації попід шкірою . . .

вона кладе йому до рота кавове зерня зі свого язика
так наче хоче передати якусь нечувану мову
ніби хоче стати одним із його діалектів
щоб він говорив до равликів . . .

але боже
як боляче часом буває іти по чужій воді!

раз на місяць він таки утікає за місто
де має навіжено-гарячу маленьку подружку
таку маленьку що ледве може вмістити її в долоні

Snails and Beetles

so as to endure no more painful silences on the subject of
 children
they will raise large snails
hand-feed them like angels so as to never
take time away from her meditating leisure
so
of course
snails
what can be better and more lively
you can't even hear them breathe
only in the middle of the night he will accidentally touch
 her cheeks
not understanding whose traces are there . . .

once they learned how to sit beside rather than across from
 each other
he taught her how to use chopsticks
just for an excuse to touch her fingers
and then closing his eyes dwelled on memories
of those hungry eastern vibrations beneath her skin . . .

she transfers a cocoa bean from her tongue to his mouth
as if she wants to give him some unknown language
as if she wants to become one of his dialects
so that he could speak with the snails . . .

but God
how painful it can be to walk on foreign water!

once a month he escapes from the city
to where he has a crazy-passionate little girlfriend
so small that she barely fits in his palm
that he is afraid of kissing so as not to hurt her

що боїться її цілувати аби не зробити їй боляче
тільки подумки взявшись за руки
вони ходять жують травинки
сміються говорять блукають одне в одному
заплітаються тінями
ламаючи ноги ребра слова

«двадцять років потому я мала дивне захоплення
ловила різних жуків і живими клеїла на папір
уявляєш тримала жука аж доки він не приклеїться
чорні зелені перламутрово сині жуки помирали на білому
героїчно за дивну дитячу ідею»

він розгядав би вічно колекцію мертвих жуків
щоразу знаходячи серед них когось із давніх знайомих
там серед розкришених лапок і розчепірених крилець
жило щось смачне і забуте
«мала,
ти – золото»

і коли її губи стискають його найчутливіший нерв
здається
за ними стежать великі очі жуків

only in his imagination does he take her by the hand
they walk chewing blades of grass
laugh talk get lost in one another
interweaving their shadows
breaking legs ribs words

"twenty years ago, I had a strange passion
I caught different beetles and glued them to paper while they
    were still alive
can you believe I held a beetle until it was glued
black green iridescent blue beetles died against the white
died heroically due to this strange childish idea"

he would have looked eternally over this collection of dead beetles
each time finding some past acquaintance among them
there, among crumbled legs and splayed wings
something tasty and forgotten lived
"little one,
you are the best."

and when her lips touch his most sensitive nerve
it seems
that the beetles' large eyes follow them

Покинутим Кораблям

Розчесавши усі на світі моря, скуштувавши дикого
 тютюну,
відгризши важку лапу втоми,
він повертає до свого проклятого берега,
де так порожньо й страшно, що птахи вирощують ікла,
а замість товару приходять нові каліки та жебраки.
Він за звичкою промовчить: "Ну, доброго ранку,
вічнозелена купо лайна!"
А місто, як завше, не скаже: "З поверненням, збоченцю!"

Він, потоптавши іржавий пісок, зітре зі щетини пил,
щоб знову піти до неї,
до тієї хороброї дівчинки у червоних гумових чобітках,
що хоче його . . .
Що хоче його
нових оповідок і жуйок і дивних звірів у великих книжках.

Він посадить її на широке як світ підвіконня,
де чорні пухлини вазонів,
де довгі шиї малахітових кактусів тягнуться крізь
 камінці,
щоб побачити, що буде далі.
А казка в його долоні, наче маленька мушка,
то стихне, то знову шукає свободу.
І ось він – твій заморський спаситель, твійірисовий рай.

Що бачила твоя мати, як на неї зійшов благодатний біль?
Чи чула вона звуки сирітського хору,
коли клала тебе на вологі кущі ялівцю?
Хто похрестив тебе з першими переломами,
коли всіх ангелочків було розібрано,
а ти довго дивилась на шторм, а потім
упала в кому?

Abandoned Ships

Having combed all the seas of the world, having tasted wild
 tobacco,
having bitten off the heavy hand of exhaustion,
he returns to his cursed shore,
which is so barren and frightening that the birds grow fangs,
and instead of cargo, new cripples and beggars arrive.
He keeps silent by habit: "Well, good morning,
never-ending pile of crap!"
and the city, as always, doesn't reply: "Welcome back, pervert!"

He stomps through rusty sand, wipes dust from the bristle on
 his face,
so he can go to her,
to the brave girl in red rain boots,
who wants him.
Who wants his
new stories and gum and fantastic creatures in big books.

He sits her on a windowsill, as wide as the world
where there are black bulbous vases,
where long necks of malachite cactuses push through stone,
so they can see the future.
A story in his palm, like a small fly,
that stills, then looks for freedom again.
And here he is—your savior from beyond the sea, your iris heaven.

What did your mother see, when blessed pain befell her?
Did she hear the sounds of a choir of orphans
when she placed you on moist juniper bushes.
Who baptized you with the first fractures you faced,
when all the angels were already taken,
and you were staring at the storm, and then
fell into a coma?

Він тебе підібрав. Він тебе похрестив. Він тобі берег.

. . . Жебраки так низько відпускають дим,
що вони, ідучи повз них, взявшись за руки,
наступають на нього,
причаївши у горлі кожен свою монетку.
Ідуть по місту, де немає цирку, бо нікому не весело,
ідуть по мушлях – бо ніхто у них не живе, окрім
приблудного шуму,
ідуть відпускати гріхи покинутим кораблям . . .

He picked you up. He baptized you. He is your shore.

. . . The beggars let their smoke cover the ground
so they, walking past the couple, holding hands,
step on it,
concealing every coin in their throats.
They walk through the city, where there is no circus, because
    no one is happy,
they walk over shells because nothing lives there anymore,
    besides
a wandering sound,
they go to the abandoned ships to absolve their sins.

*

"Доню, це – наша земля!" – чую щоразу крізь сон.
Янголе мій, забери мене, розбуди,
мені хочеться висоти,
щоб усмоктати зіницями
і не згубити
всю оту землю,
дику і мовчазну,
із синцями та саднами на потертій мапі,
із її кордонами і всіма больовими точками,
твердістю доріг
і м'якістю піднебесся, де мільйони стрімких лелек
проростають ключами з відкритих ран . . .

Мені хочеться висоти,
щоб рухливі мости,
заплутані залізниці,
ненажерливі кладовища,
пихаті дими –
зупинились, опам'ятавшись . . .

Але небо моє закреслили шрами.
Висота переповнена голими королями.
А внизу –
жебраки відпрацьовують право на кисень.

Тільки хтось чи то ніжно, чи то застережливо
гладить мене пір'їнкою по щоці:
"Доню, це наша земля!
Доню, це НАША земля . . . "

*

"Daughter, this is our land," I hear in my sleep every night.
My angel, take me, wake me.
I want to be up high
so that my pupils savor
and do not forget
all of this land,
wild and peaceful,
with bruises and abrasions on the worn map,
with its borders and all its painful points,
the hardness of roads
and softness of the heavens, where a million fast storks
are formed from open wounds . . .

I want to be up high
so that shaky bridges,
jumbled train tracks,
voracious cemeteries,
overbearing smoke
will stop, having remembered . . .

But my sky is covered with wounds.
The heights are filled with naked kings.
And below—
beggars are working for the right to oxygen.

Someone is tenderly or is it cautiously
caressing my check with a feather:
"Daughter, this is our land!
Daughter, this is OUR land."

Acknowledgments

Several of these translations previously appeared in *The Common*, *NELLE*, and *World Poetry Review*, and in the chapbook *Burnt Skin* (Underground Books, 2016.) Many thanks to the editors.

I'd like to express deep gratitude to the New York State Council on the Arts for the grant that supported my work on this translation. Thank you also to Tom Healy for his generous contribution to this book. I first met Tom in Ukraine around the time of my first meeting with Anna Malihon, so these joyous occasions are connected in my mind.

Thank you to Oksana Lebedivna for her initial reading of these translations and for inspiring me with her poetry. Thank you to Oleksandr Fraze-Frazenko for always being open to my language questions. Thank you to Matvei Yankelevich for taking on this project and for the careful readers at World Poetry. Their meticulous editing made the final product exactly what I envisioned. I'm grateful to my mom, Maria Jennings, for her support of all my translation projects.

Anna Malihon is an award-winning Ukrainian poet, and the author of six books of poetry and a novel. Her work has been published in numerous Ukrainian literary journals, included in several anthologies, and translated into Bulgarian, Polish, Czech, Georgian, Armenian, and French. In 2022, Russia's full-scale invasion forced her to leave Ukraine. She lives in Paris, France.

Olena Jennings is the author of the poetry collection *The Age of Secrets* (Lost Horse Press), the chapbook *Memory Project*, and the novel *Temporary Shelter* (Cervena Barva Press). She is the translator of collections by Ukrainian poets Kateryna Kalytko (co-translated with Oksana Lutsyshyna), Iryna Shuvalova, and Vasyl Makhno. Her translation of Yuliya Musakovska's *The God of Freedom* was released in 2024 from Arrowsmith Press. She lives in Queens, New York, where she founded and curates the Poets of Queens reading series and press.

This book was typeset in Synerga, a humanist slab-serif designed by Andriy Konstantynov for Mint Type, Kyiv. The cover features GT Eesti, a reinterpretation of the Soviet-era geometric sans Zhurnalnaya Roublennaya. It was released by Grilli Type in 2016. Cover design by Andrew Bourne. Typesetting by Don't Look Now. Printed and bound in Lithuania by BALTO Print. Manufactured by Arctic Paper in Sweden, the paper in this book meets EU Ecolabel, Forest Stewardship Council, and Cradle to Cradle certification standards.

 WORLD POETRY

Samer Abu Hawwash
Ruins and Other Poems
tr. Huda J. Fakhreddine

Marie-Noëlle Agniau
The Escapades
tr. Jesse Hover Amar

Nadia Anjuman
*Smoke Drifts:
Selected Poems*
tr. Diana Arterian
& Marina Omar

Jean-Paul Auxeméry
Selected Poems
tr. Nathaniel Tarn

Leire Bilbao
Fish Scales: Selected Poems
tr. Joana Urtasun

Boethius
*The Poems from On the
Consolation of Philosophy*
tr. Peter Glassgold

Maria Borio
Transparencies
tr. Danielle Pieratti

Astrid Cabral
Spotlight on the Word
tr. Alexis Levitin

Jeannette L. Clariond
Goddesses of Water
tr. Samantha Schnee

Jacques Darras
*John Scotus Eriugena
at Laon*
tr. Richard Sieburth

Mario dell'Arco
*Day Lasts Forever:
Selected Poems*
tr. Marc Alan Di Martino

Marie de Quatrebarbes
The Vitals
tr. Aiden Farrell

Ricardo Domeneck
*First Epistle to the
Amphibians: Selected Poems*
tr. by Chris Daniels

Olivia Elias
Chaos, Crossing
tr. Kareem James Abu-Zeid

Gastón Fernández
Apparent Breviary
tr. KM Cascia

Jerzy Ficowski
Everything I Don't Know
tr. Jennifer Grotz
& Piotr Sommer
PEN AWARD FOR POETRY IN
TRANSLATION

Antonio Gamoneda
Book of the Cold
tr. Katherine M. Hedeen &
Víctor Rodríguez Núñez

Mireille Gansel
Soul House
tr. Joan Seliger Sidney

Óscar García Sierra
Houston, I'm the problem
tr. Carmen Yus Quintero

Phoebe Giannisi
Homerica
tr. Brian Sneeden

Zuzanna Ginczanka
On Centaurs & Other Poems
tr. Alex Braslavsky

Julien Gracq
Abounding Freedom
tr. Alice Yang

Karmelo C. Iribarren
*You've Heard This One
Before: Selected Poems*
tr. John R. Sesgo

Leeladhar Jagoori
*What of the Earth
Was Saved*
tr. Matt Reeck

*Nakedness Is My End:
Poems from the Greek
Anthology*
tr. Edmund Keeley

Birhan Keskin
*Earthly Conditions:
Selected Poems*
tr. Öykü Tekten

Jazra Khaleed
The Light That Burns Us
ed. Karen Van Dyck

Judith Kiros
O
tr. Kira Josefsson

Dimitra Kotoula
*The Slow Horizon
That Breathes*
tr. Maria Nazos

Maria Laina
Hers
tr. Karen Van Dyck

Maria Laina
Rose Fear
tr. Sarah McCann

Perrin Langda
*A Few Microseconds on
Earth*
tr. Pauline Levy Valensi

Anna Malihon
Girl with a Bullet
tr. Olena Jennings

Afrizal Malna
*Document Shredding
Museum*
tr. Daniel Owen

Joyce Mansour
*In the Glittering Maw:
Selected Poems*
tr. C. Francis Fisher

Manuel Maples Arce
Stridentist Poems
tr. KM Cascia

Selma Meerbaum-Eisinger
Blütenlese
tr. Carlie Hoffman

Ennio Moltedo
Night
tr. Marguerite Feitlowitz

Meret Oppenheim
The Loveliest Vowel Empties: Collected Poems
tr. Kathleen Heil

Giovanni Pascoli
Last Dream
tr. Geoffrey Brock
RAIZISS/DE PALCHI TRANSLATION AWARD

Gabriel Pomerand
Saint Ghetto of the Loans
tr. Michael Kasper & Bhamati Viswanathan

Liliana Ponce
Theory of the Voice and Dream
tr. Michael Martin Shea

Rainer Maria Rilke
Where the Paths Do Not Go
tr. Burton Pike

Amelia Rosselli
Document
tr. Roberta Antognini & Deborah Woodard

Elisabeth Rynell
Night Talks
tr. Rika Lesser

Waly Salomão
Border Fare
tr. Maryam Monalisa Gharavi

George Sarantaris
Abyss and Song: Selected Poems
tr. Pria Louka

George Seferis
Book of Exercises II
tr. Jennifer R. Kellogg
ELIZABETH CONSTANTINIDES MEMORIAL TRANSLATION PRIZE

Seo Jung Hak
The Cheapest France in Town
tr. Megan Sungyoon

Ahmad Shamlou
Elegies of the Earth: Selected Poems
tr. Niloufar Talebi

Edith Södergran
Modern Woman
tr. CD Eskilson

Ardengo Soffici
Simultaneities & Lyric Chemisms
tr. Olivia E. Sears

Liesl Ujvary
Good & Safe
tr. Ann Cotten & Anna-Isabella Dinwoodie

Paul Verlaine
Before Wisdom: The Early Poems
tr. Keith Waldrop & K.A. Hays

Haris Vlavianos
Renaissance
tr. Patricia Barbeito

Witold Wirpsza
Apotheosis of Music
tr. Frank L. Vigoda

Uljana Wolf
kochanie, today i bought bread
tr. Greg Nissan

Ye Lijun
My Mountain Country
tr. Fiona Sze-Lorrain

Verónica Zondek
Cold Fire
tr. Katherine Silver